AF198064

Land und Leute

Reise-Infos von A bis Z

Der Fränkische Rotwein Wanderweg

Index

Eine einsame Blume zwischen Reben

Mandelbäume mit Blick auf den Main

Band 473

OutdoorHandbuch

Barbara Riedel

Fränkischer
Rotwein Wanderweg

Fränkischer Rotwein Wanderweg

Dieses OutdoorHandbuch hat 96 Seiten mit 41 farbigen Abbildungen sowie 6 farbigen Kartenskizzen im Maßstab 1:65.000, 6 farbigen Höhenprofilen und einer farbigen, ausklappbaren Übersichtskarte. Es wurde auf chlorfrei gebleichtem, FSC®-zertifiziertem Papier gedruckt, in Deutschland klimaneutral hergestellt und transportiert und wegen der größeren Strapazierfähigkeit mit PUR-Kleber gebunden.

Dieses Buch ist im Buchhandel und in Outdoor-Läden erhältlich und kann im Internet oder direkt beim Verlag bestellt werden.

OutdoorHandbuch Band 473

ISBN 978-3-86686-687-4   1. Auflage 2022

Text und Fotos: Barbara Riedel
Lektorat: Anna-Lena Ebner
Karten und Layout: Manuela Dastig

Gesamtherstellung: gutenberg beuys feindruckerei

Dieses OutdoorHandbuch wurde konzipiert und redaktionell erstellt vom:

Conrad Stein Verlag GmbH, Kiefernstr. 6,
59514 Welver, ☎ 023 84/96 39 12,
✉ info@conrad-stein-verlag.de,
🖥 www.conrad-stein-verlag.de

Besuchen Sie uns bei Facebook & Instagram:

 www.facebook.com/outdoorverlag

 www.instagram.com/outdoorverlag

Titelfoto: @ Jan Peter Reiner

Inhalt

Einleitung 7

Land und Leute 10
Churfranken: Ein Kunstwort 12
Buntsandstein, Weinberge und der Main: die Landschaft .. 13
Von den Römern zu modernen Winzern: Geschichte und Kultur .. 16

Reise-Infos von A bis Z 18
An- und Abreise   20   Übernachtungsmöglichkeiten   28
Ausrüstung   21   Updates   29
Etappenplanung   23   Verkehrsmittel am Weg   30
Gehrichtung   23   Verpflegung   30
Geld   24   Wandern mit Hund   32
Informationen   24   Wandern mit Kind   32
Karten und GPS   24   Wanderreisen und
Medizinische Versorgung   25   Gepäcktransport   33
Radfahren   25   Wegbeschaffenheit   33
Reisezeit   26   Wegmarkierung   34
Telefon und Internet   28

Der Fränkische Rotwein Wanderweg 35
1. Etappe: Großwallstadt – Großostheim   16,2 km   36
2. Etappe: Großostheim – Elsenfeld   17,3 km   49
3. Etappe: Elsenfeld – Erlenbach   15,1 km   58
4. Etappe: Erlenbach – Klingenberg   4,1 km   68
5. Etappe: Klingenberg – Großheubach   10,0 km   76
6. Etappe: Großheubach – Bürgstadt   15,1 km   82

Index 94

☺ Eine **Übersichtskarte** des Weges, **Autorenprofil** sowie eine Liste aller verwendeten **Symbole** in diesem Buch finden Sie auf den vorderen und hinteren Umschlagseiten bzw. -klappen.

Einleitung

Kleine Kapelle im Jesuitenberg (3. Etappe)

Willkommen auf dem Fränkischen Rotwein Wanderweg – willkommen in der Region von Genuss und Wein!

Leben Sie langsamer! Das ist das Motto von Churfranken, der Mainlandschaft zwischen Odenwald und Spessart. Über 79 km verläuft der Fränkische Rotwein Wanderweg längs durch diesen Teil von Unterfranken. Auf Ihrem Weg von Großwallstadt im Norden von Churfranken bis nach Bürgstadt im Süden wandern Sie durch malerische Weinberge, können das Panorama des Maintals genießen und lernen die urigen Winzergemeinden kennen, in denen Sie sich durch die lokalen Spezialitäten und vor allem die Weine probieren können. So wird Ihre Wanderung zu einem Fest für alle Sinne.

Unter Ihren Füßen wechseln sich geteerte oder geschotterte Straßen mit breiten wie schmalen Wanderwegen durch die bewaldeten Abschnitte sowie Felder ab, denn der Fränkische Rotwein Wanderweg soll Sie von Weinberg zu Weinberg und von Winzer zu Winzer bringen. Dabei durchqueren Sie die Winzerstädtchen mit ihren historischen Stadtkernen, mittelalterlichen Häusern und zahlreichen Kirchen und Kapellen sowie die

Frühmorgens mit Nebel im Bürgstädter Weinberg (6. Etappe)

Weinlagen selbst, die auch mit den schweren Erntefahrzeugen gut erreichbar sein müssen. Aber Sie werden mehr erleben als nur Fachwerk und Rebstöcke. Es erwarten Sie wunderbare Ausblicke ins Maintal bzw. in die Ebene zwischen Odenwald und Spessart und auf der ersten Etappe können Sie an klaren Tagen sogar die Skyline von Frankfurt in der Ferne erblicken. Ein surrealer An- und Ausblick, wenn sonst um einen herum nur bewirtschaftete Felder und Weinberge zu sehen sind. Wer sich mal ganz früh aus dem wohlig warmen Schutz des Hotelbettes herauswagt, der kann vielleicht einen Sonnenaufgang der Extraklasse erleben. Denn wenn der Nebel über den Main wabert und sich langsam, aber sicher durch die mit Trauben behangenen Reben verzieht, erscheint die Welt für einen Moment stillzustehen.

Und wann immer es geht, steht das Endprodukt im Mittelpunkt: der Wein. Ob Einkehren in der sogenannten Häcke, den Ausblick genießen mit einem Picknick oberhalb des Weinbergs oder den Tag im Weinlokal ausklingen lassen ... Der Genuss und die Verkostung dessen, was Sie hier an jedem Wandertag in seiner Rohform am Wegesrand bewundern können, ist ganz klar essenzieller Teil des Fränkischen Rotwein Wanderwegs. In Churfranken können Sie entschleunigen und die Seele baumeln lassen!

Die Autorin auf dem Fränkischen Rotwein Wanderweg (© Daniel Dornhöfer)

Eine wunderschöne Wanderung auf dem Fränkischen Rotwein Wanderweg wünscht Ihnen
Barbara Riedel

Land und Leute

Ein Blick durch die Reben ins Maintal (4. Etappe)

Churfranken: Ein Kunstwort

Churfranken – der Name ist auf dem Fränkischen Rotwein Wanderweg all-
zeit präsent. Er steht auf im Wind wehenden Bannern, auf Schildern am
Wegesrand, prangert groß und fett an Gebäuden und ist auf Flyern und auf
den entsprechenden Websites zu finden. Churfranken ist eigentlich ein Ver-
ein, der 2007 von 25 Gemeinden in Unterfranken auf beiden Seiten des
Mains an der Süd- und Westflanke des Mainvierecks gegründet wurde.
Dazu gehören auch die Orte, die der Fränkische Rotwein Wanderweg miteinander verbindet: Großwallstadt, Niedernberg, Großostheim, Obernburg,
Elsenfeld, Erlenbach, Klingenberg, Großheubach, Miltenberg und Bürgstadt. Durch diesen Zusammenschluss sollten die Region und ihre Produk-
te touristisch vermarktet werden. Dabei haben sich zwei Schwerpunkte
herausgebildet: „Leben Sie langsamer" als Slogan für das Thema „Urlaub
machen in Churfranken" sowie „Endlich entfalten" als Leitspruch für
„Arbeiten und leben in Churfranken".

Der Name selbst ist ein Kunstwort, das die historische und regionale
Verortung in einem Wort zusammenführen soll. *Chur* steht für die ehema-
lige Zugehörigkeit zum Kurfürstentum Mainz, während *Franken* die Region ist, in der sich Churfranken befindet. Die Verbindung zur Hauptstadt
von Rheinland-Pfalz ist heute noch durch das Mainzer Rad in vielen Orts-
wappen bei Kennern klar ersichtlich.

Buntsandstein, Weinberge und der Main: die Landschaft

Buntsandstein, Weinberge und der Main prägen das Landschaftsbild der Umgebung des Fränkischen Rotwein Wanderwegs.

Der Wanderweg verläuft zwischen Odenwald und Spessart, deren natürliche Grenze der Main ist. Das blaue Band überqueren Sie bei Ihrer Wanderung zweimal. Sie starten auf der zum Odenwald zugehörigen Seite links des Mains, überqueren den Fluss in Obernburg und setzen Ihre Wanderung dann im Spessart fort. Erst auf der letzten Etappe überqueren Sie den Main und laufen über die Alte Brücke von Miltenberg, um die Wanderung im Odenwald zu beenden. Trotz des Hin und Hers zwischen den beiden Mittelgebirgen, befinden Sie sich die gesamte Zeit in Bayern. Churfranken ist die Nahtstelle zu Hessen und Baden-Württemberg, sodass Sie zwar in die Nähe der beiden Nachbarländer kommen, Bayern jedoch nicht verlassen.

Der Odenwald wird unterteilt in Kristalliner Odenwald und Buntsandstein-Odenwald. Der fränkische Teil gehört zu Letzterem. Auch wenn das Grundgebirge des Spessarts kristallin ist, besteht sein Deckgebirge vornehmlich aus Buntsandstein, einem Gestein aus der Germanischen Trias. Wenn man es genau nimmt, handelt es sich dabei jedoch gar nicht um ein Gestein, sondern um eine Gesteinsabfolge. Es bezeichnet also keinen mehrfarbigen Sandstein, sondern einen Wechsel der Gesteine Sandstein, Siltstein und Tonstein. Auch Kalkstein und Gipsstein können Teil von Buntsandstein sein. So besteht der Untergrund beidseits des Mains aus dem rötlichen Gestein.

Der Buntsandstein am Untermain, dessen Ablagerungen vor etwa 200 Millionen Jahren ihren Abschluss fanden, bildet einen besonderen Untergrund für den Weinbau. Oder um genau zu sein: Der Untergrund bietet beste Voraussetzungen für einen Boden, auf dem sich die Reben entfalten können. Vor allem der Anbau von Rotwein hat sich hier durchgesetzt. Dieser war bereits im Mittelalter weitverbreitet. Die sogenannte „Kleine Eiszeit" im 14. Jahrhundert hat mit einer deutlichen Klimaverschlechterung jedoch in Deutschland dazu geführt, dass zahlreiche Flächen, auf denen Rotwein angebaut worden war, entweder ganz aufgegeben wurden oder die Flächen zugunsten von Weißwein wichen. Nicht so in Unterfranken, wo weiter Rotwein angebaut wurde. Dies hat sich bis heute durchgesetzt, sodass die Weinorte Klingenberg und Bürgstadt, die auch auf dem Fränkischen Rotwein Wanderweg liegen, noch heute überregional für ihre Rotweine bekannt sind. Von den 15 unterschiedlichen Rotweinsorten in Franken sind die drei am stärksten vertretenen die Domina, der Spätburgunder und der Dornfelder. Auch wenn der Spätburgunder als die unbestrittene Premiumsorte angesehen werden kann, dominiert die Domina die Anbauflächen. Bei den Weißweinen ist der Silvaner ganz klar das Markenzeichen von Franken geworden, aber auch Müller-Thurgau ist weitverbreitet.

Der Buntsandstein ist allerdings nicht nur die ideale Ausgangsbasis für die vorzüglichen Frankenweine. Er ist auch ein hervorragendes Material, um Gebäude damit zu bauen. Das wussten bereits die Römer, die Befestigungsanlagen damit errichteten. Später wurde er in Steinbrüchen bei Obernburg und Klingenberg abgebaut – so zum Beispiel in der Seltenbachschlucht, zu der Sie während der ☞ 4. Etappe des Fränkischen Rotwein Wanderwegs einen Abstecher machen können. Dies ist einer der wenigen leicht zugänglichen Orte, an denen Buntsandstein aufgeschlossen ist. Nach

Im Weinberg

dem Abbau wurde er für die Errichtung von Kirchen und Profanbauten verwendet. Die Stadtmauer von Miltenberg ist beispielsweise aus Buntsandstein, ebenso die typischen Gewölbekeller in Obernburg und auch das Aschaffenburger Schloss, das zwar auf der 1. Etappe in der Ferne zu sehen ist, aber nicht am Fränkischen Rotwein Wanderweg liegt. Der Abbau und die Verwendung von Buntsandstein hielten sich bis ins 20. Jahrhundert. Dann wurde er durch moderne Baustoffe ersetzt.

Kleine Namenskunde

Der Name des Mittelgebirges Spessart leitet sich von den beiden Worten Specht und Hardt (= „Bergwald") ab und bedeutet also Wald des Spechts. Im Jahr 839 ist der Name das erste Mal als Spehteshart belegt, um 1000 als Speshart. Er kommt auch in der Schreibweise Spechteshart vor. Da die Römer ihre Spuren in der Gegend hinterlassen haben, sehen einige auch alternativ einen Namensursprung im Lateinischen. Demnach käme das Wort Spessart von der Bezeichnung *spissa et ardua silva*, was übersetzt „dichter und beschwerlicher Wald" heißt.

„Churfranken, wo der Main am schönsten ist!" Nicht umsonst wirbt Churfranken mit diesem Motto. Die Region ist stark geprägt von seinem blauen Band, das die zwei Mittelgebirge trennt, und so stellt der Main förmlich ihre Lebensader dar. Spätestens wenn man einmal den Panoramaweg zwischen Erlenbach und Klingenberg gelaufen ist und den Ausblick genießen konnte, versteht man das Motto von Churfranken. Der Main sieht aber nicht nur idyllisch aus. Bereits zur Zeit der Römer verstand man die Bedeutung des Flusses für den Schiffsverkehr für Langstreckentransporte. Miltenberg, das Sie auf der ☞ 6. und letzten Etappe kennenlernen werden, war beispielsweise ein besonderer Umschlagspunkt. Hier kamen vor 2.000 Jahren die Eselskarawanen an, deren Weg man noch heute über den 100 km langen Fernwanderweg Eselsweg nachlaufen kann. Salz musste von Bad Orb im nördlichen Spessart in alle Welt getragen werden. Dafür musste es zunächst nach Miltenberg gebracht werden, von wo aus es verschifft werden konnte. So bedeutete die Lage am Main also auch wirtschaftliche Macht.

Landschaftlich ist die Region von genau diesem harmonischen Zusammenspiel maßgeblich geprägt: Das Rot des Buntsandsteins mit dem Grün der Reben und dem Blau des Mains.

Von den Römern zu modernen Winzern: Geschichte und Kultur

Der Landkreis Miltenberg ist erst Anfang der 70er-Jahre entstanden und mag daher noch jung sein, aber die geschichtliche Entwicklung der Umgebung kann dennoch über Jahrtausende zurückverfolgt werden. Auf dem Wannenberg über Bürgstadt und dem Greinberg über Miltenberg lassen sich zum Beispiel noch beeindruckende Ringwälle ausmachen, die aus der Jungsteinzeit um 4000 v. Chr. stammen. Funde aus der Steinzeit können auch im Bachgaumuseum in Großostheim bestaunt werden, an dem die ☞ 1. Etappe des Fränkischen Rotwein Wanderwegs endet.

Da waren die Römer vergleichsweise spät dran. Erst um das Jahr 90 n. Chr. kamen sie in diese Gegend und sicherten die Mainlinie durch Militärlager, die man Kastelle nennt. Der sogenannte Odenwald-Limes war die Verteidigungslinie bis hin zum Neckar. Es gab in Niedernberg und Obernburg römische Lager und in Wörth, Trennfurt und Miltenberg Kastelle. Als Wanderer auf dem Fränkischen Rotwein Wanderweg können Sie sich selbst überzeugen und die Zeugnisse der ehemaligen Anwesenheit der Römer in Obernburg (☞ 2. Etappe) bewundern. Eben diese besagten römischen Soldaten waren auch die ersten, die im heutigen Churfranken Reben pflanzten.

Da jedoch die Überfälle durch die Germanen immer häufiger geschahen, gaben die Römer den Grenzabschnitt um das Jahr 260 auf. So kam der Weinanbau zum Erliegen. Doch Karl der Große, so wird vermutet, gab den Anstoß, die alte Tradition wieder aufzunehmen. Vor allem in den Klöstern, die im Mittelalter vermehrt gebaut wurden, hatte man Zeit und Muße im Zeichen von *ora et labora* (lateinisch für „bete und arbeite") Wein anzubauen. So überdauerte die Tradition des Weinanbaus die Jahrhunderte und die Winzerorte bildeten sich heraus.

Heute gehört der Wein zur regionalen Kultur und das gesamte Landschaftsbild im Maintal ist von den schmalen Steilterrassen im Buntsandstein geprägt, die auch weite Teile des Fränkischen Rotwein Wanderwegs ausmachen. In Erlenbach und Klingenberg stehen die Terrassen unter Denkmalschutz und die Mauern sind nahezu vollständig erhalten. Allerdings bedeuten Sie auch ein Hindernis für die Arbeit der Winzer. Denn so sind sie gezwungen, fast alles im Weinberg in Handarbeit zu machen. Die Lese muss mit den schweren Butten erledigt werden, die die steilen Treppen hinauf- bzw. hinabgetragen werden müssen. In der Steillage dauert die Arbeit doppelt so lang wie auf flachem Terrain. Von der schweren Arbeit der Winzer erzählen auch die schemenhaften Statuen entlang der ☞ 4. Etappe des Fränkischen Rotwein Wanderwegs. Aber nicht jeder Winzer, dessen Weinberg von Wirtschaftswegen durchzogen ist, greift auf die Hilfe von Maschinen zurück. Viele entscheiden sich weiterhin ganz bewusst, von Hand zu lesen. Dies ist Dank vieler ehrenamtlicher Helfer möglich. Die Lese ist jedes Jahr ein ganz besonderes Erlebnis und bis zum Schluss weiß man oft nicht, ob es ein „gutes Jahr" gewesen ist. Die Trauben per Hand abzuschneiden und in die von Männern wie ein Rucksack getragene Butte – das fast mannshohe Gefäß, mit dem die gelesenen Trauben in größere Container verfrachtet werden – zu werfen, verschafft am Ende des Tages ein gutes Gefühl und sorgt für das gewisse Etwas.

Weinfeste und Häckerwirtschaften in Churfranken

Wer schwer arbeiten kann, kann auch feiern! Und so genießen die Franken jedes Jahr ihre traditionellen Weinfeste, die bereits im März beginnen und bis November zelebriert werden. So sollen Weine wie Winzer vorgestellt und gemeinsam gefeiert werden. Neben den Weinfesten stehen die Winzer mit ihren Häckerwirtschaften, oder auch einfach Häcke genannt, das ganze Jahr über bereit. In den kleinen Gastbetrieben direkt beim Weinbauern kann der selbst erzeugte Wein gekostet werden. Ein bisschen Vespern ist normalerweise auch möglich. Die Häcken wechseln sich ab, sodass in jedem Ort immer mindestens eine geöffnet hat. Welche Häcke wann genau geöffnet hat, kann in jährlich von Churfranken neu zusammengestellten Weinkalendern in Erfahrung gebracht werden (☞ Reise-Infos von A bis Z, Informationen). So weiß jeder, wann es wo den leckeren Rebensaft gibt. So sieht Genuss im Weinland Churfranken aus!

Reise-Infos von A bis Z

Auf dem Weg zwischen Weinbergen und der Finca im Hintergrund (1. Etappe) (© Tobias Riedel)

An- und Abreise

Mit der Bahn

Wenn Sie mit der Bahn zu Ihrer Wanderung anreisen möchten, sollten Sie Aschaffenburg ansteuern. Nicht umsonst wird die Stadt als Tor zu Churfranken bezeichnet. Sie ist gut an das Regionalbahn- und Fernreisenetz der Deutschen Bahn angeschlossen. Von dort erreichen Sie Großwallstadt, den Startpunkt des Fränkischen Rotwein Wanderwegs, mit dem Bus in weniger als einer halben Stunde. Bahnhöfe gibt es außerdem in Obernburg-Elsenfeld (3. Etappe), Erlenbach (4. Etappe), Klingenberg (5. Etappe) und Miltenberg (liegt auf der 6. Etappe). Sie können also leider nicht mit der Bahn direkt zum Startpunkt fahren.

Nach der Wanderung können Sie von Bürgstadt mit dem Bus zurück nach Miltenberg und von dort mit der Bahn nach Aschaffenburg für die regionale und überregionale Abreise.

♦ Informationen zu Bahnverbindungen erhalten Sie unter 🖳 www.bahn.de, unter 🖳 www.westfrankenbahn.de oder auch unter 🖳 www.vab-info.de. In den entsprechenden Apps können Sie sich ebenfalls über Fahrzeiten und Ticketpreise informieren oder sofort Ihr Ticket kaufen.

Mit dem Bus

Wer mit öffentlichen Verkehrsmitteln anreisen möchte, kommt um den Bus nicht herum. Der Startort des Fränkischen Rotwein Wanderwegs, Großwallstadt, hat nämlich keinen Bahnhof. Aschaffenburg hingegen ist keine 30 Minuten mit dem Bus entfernt und sehr gut an das regionale und nationale Verkehrsnetz angebunden.

Vom Hauptbahnhof Aschaffenburg, Bussteig 1, steigen Sie einfach in die Linie 60 ein undd fahren bis zur Busstation „Quellenstraße" in Großwallstadt. Die Haltestelle liegt etwa 5 bis 10 Gehminuten vom Hotel entfernt, an dem der Fränkische Rotwein Wanderweg beginnt. Wochentags fährt der Bus mindestens einmal pro Stunde zwischen 8:00 und 20:00 Uhr.

Sollten Sie mit dem Fernbus anreisen wollen, können Sie ebenfalls ein Ticket nach Aschaffenburg ziehen. Der Flixbus steuert die Stadt aus zahlreichen Städten an, so zum Beispiel Frankfurt, Würzburg, Köln oder Berlin.

♦ Informationen zu Busverbindungen erhalten Sie unter 🖳 www.flixbus.de oder in der Flixbus-App. Unter 🖳 www.vab-info.de können Sie sich zum öffentlichen Personennahverkehr am Bayerischen Untermain informieren.

Mit dem Auto

Der Fränkische Rotwein Wanderweg liegt ganz in der Nähe der A3 und ist damit über gut ausgebaute Zubringer aus allen Richtungen schnell zu erreichen. Aus Würzburg kommend nehmen Sie bitte die Ausfahrt Wertheim und fahren dann am Main entlang bis zum Startpunkt bzw. bis zu Ihrem Hotel.

Wenn Sie aus Frankfurt kommen, nehmen Sie bitte die Ausfahrt Stockstadt. Sie gelangen dann über die B469 an Ihr Ziel.

Sollten Sie über die A81 kommen, nehmen Sie bitte die Ausfahrt Osterburken über Buchen und Walldürn.

Kostenlose Parkplätze finden Sie am Sporthotel im Sportpark Großwallstadt, was auch den Startpunkt des Fränkischen Rotwein Wanderwegs markiert. Dort können Sie Ihr Auto für die Dauer der Wanderung stehenlassen.

Ausrüstung

Um auf dem Fränkischen Rotwein Wanderweg zu laufen, benötigen Sie keine spezielle Ausrüstung. Wie auf jeder Wanderung ist es wichtig, dass Sie gut eingelaufene Wanderschuhe besitzen, um Blasen zu vermeiden. Im besten Fall tragen Sie zusätzlich Wandersocken. Da Sie zumeist auf gut zu gehenden Wanderwegen unterwegs sein werden, reichen theoretisch flache Wanderschuhe. Eine griffige Sohle sollten sie jedoch haben. Um auch bei Abstechern zwischen die Weinreben und unebenen Abschnitten guten Halt zu haben, sind halbhohe Wanderstiefel empfehlenswert. So sind Ihre Knöchel auf jedem anzunehmenden Untergrund geschützt.

Ein Wanderrucksack sollte sowohl über Brust- als auch über Hüftgurte verfügen, gepolsterte Schultergurte haben und leicht anzupassen sein. Überlegen Sie im Voraus, was Sie wirklich mitnehmen, und entscheiden dann entsprechend, welche Größe Sie benötigen. Wenn Sie einen Gepäcktransport von Hotel zu Hotel gebucht haben, kann ein Tagesrucksack mit 20 l ausreichen. Andernfalls sollten es eher 35 bis 40 l sein.

In jedem Fall sollten Sie etwas Warmes zum Überziehen (einen Pullover, eine Strickjacke oder auch einen Poncho) und etwas für Regentage (Regenjacke oder Regenponcho) einpacken, um für alle Eventualitäten gewappnet zu sein.

Je leichter der Rucksack, desto mehr Spaß macht die Wanderung

Gerade im Sommer kann es sehr sonnig sein. Sie werden häufig auf Abschnitten unterwegs sein, die nur wenig Schatten bieten. Denken Sie also an Sonnenschutz in Form von einem Hut bzw. einer Mütze, einer Sonnenbrille und Sonnencreme. Auch eine Tube Aloe Vera im Gepäck kann nicht schaden und hilft der Haut, nach einem sonnigen Tag mit scheuernden Rucksackgurten Entspannung zu finden.

Im Winter hingegen sind Mütze, Handschuhe und Schal unerlässlich. Wer keinen dicken Wollschal möchte, kann sich auch einen gefütterten Buff, ein Multifunktionstuch in Form eines Schlauchschals, besorgen, um den Hals vor der kalten Luft zu schützen.

Auch ein Erste-Hilfe-Set für den Notfall im Rucksack zu haben, kann nicht schaden. So können Sie sich selbst versorgen, wenn das mal nötig sein sollte. Ich drücke die Daumen, dass Sie es nicht auspacken müssen. Aber das Erste-Hilfe-Set gehört zu Dingen, die man lieber dabeihat und nicht braucht, als sie zu brauchen und nicht dabeizuhaben.

Als Letztes sollten Sie entweder Proviant mitnehmen oder sich vorher erkunden, wo es auf der Etappe geöffnete Weingüter, Restaurants oder Häckerwirtschaften gibt. Häcken sind meistens kleine Gastbetriebe, die von Winzern saisonal geöffnet werden, um den eigenen Wein zu verkosten.

📖 Weitere Tipps zum Thema Ausrüstung finden Sie in dem Ratgeber „Ausrüstung I – von Kopf bis Fuß" von Markus Gründel und Johann Schinabeck, Conrad Stein Verlag, ISBN 978-3-86686-417-4, € 10,90.

Etappenplanung

Der Fränkische Rotwein Wanderweg ist in sechs Etappen eingeteilt, die zwischen 4 und 17 km lang sind. Von einem durchschnittlich fitten Wanderer sollten sie gut zu bewältigen sein. Nach jeder Etappenbeschreibung finden Sie mehrere Möglichkeiten, die Nacht vor Ort in einem Hotel zu verbringen.

Wer mehr oder weniger laufen möchte, kann auch eine individuelle Einteilung der Etappen vornehmen. Vor allem die 4. und 5. Etappe werden oft an einem Stück gelaufen. Allerdings liegt Klingenberg genau dazwischen, wo Sie bei einem Stopp die Altstadt erkunden, die Seltenbachschlucht entdecken und in Ruhe den Ausblick von der Clingenburg genießen könnten. Die 2. Etappe wird von Wanderern, die von Hotel zu Hotel laufen, meistens bereits in Obernburg beendet. Am eigentlichen Etappenziel, in Elsenfeld, gibt es kein Hotel. Wer die Etappen so laufen möchte, wie sie ursprünglich geplant worden sind, kann von dort mit dem Bus oder Taxi zum Hotel fahren. Zu Beginn einer jeden Etappenbeschreibung finden Sie die wichtigsten Punkte, die auf der Strecke liegen.

Wenn Sie den Fränkischen Rotwein Wanderweg nicht am Stück laufen wollen, können Sie Etappen nach Belieben auswählen. Entlang eines Großteils der Route fährt eine S-Bahn bzw. gibt es Busse, sodass Sie an jedem Etappenende abreisen bzw. am Anfang der Etappe auch anreisen können.

Gehrichtung

Theoretisch können Sie den Fränkischen Rotwein Wanderweg in beide Richtungen wandern. Er ist auch in beide Richtungen ausgeschildert. Der Tourismusverein Churfranken empfiehlt jedoch, ihn von Norden nach Süden zu laufen und in Großwallstadt zu beginnen. Das Hauptweingebiet liegt im südlichen Teil des Wegs, sodass Sie in der vorgegebenen Gehrichtung immer weiter in die Weinanbaugebiete hineinlaufen. Andernfalls würden Sie aus ihnen herauslaufen.

Geld

Unterwegs finden Sie an jedem Etappenziel Geldautomaten. Wo genau, können Sie auf der Seite von Churfranken nachschauen:
🖥 https://regio.outdooractive.com/oar-churfranken. Klicken Sie einfach auf Ausflugsziele und es öffnet sich eine interaktive Karte, über die Sie auf der linken Seite Filter anwenden können. Einer der Filter unter dem Punkt Service ist „Geldautomaten".

In Ihren Unterkünften sollten Sie ohne Probleme mit Ihrer EC-Karte und teilweise sogar mit Kreditkarte für die Übernachtung und das Abendessen zahlen können. Um ganz sicherzugehen, können Sie bei der Buchung fragen, welche Zahlungsmethoden möglich sind. Dies gilt insbesondere bei kleineren Pensionen.

Informationen

Wenn Sie Fragen zum Fränkischen Rotwein Wanderweg allgemein oder zur Region Churfranken im Speziellen haben, können Sie sich an den Tourismusverein Churfranken e. V. wenden. Auf der Website können Sie sich umfassend über diesen und andere Wanderwege informieren, können zum Beispiel nach Unterkünften suchen, die am Weg liegen, sich über Sperrungen informieren oder die Termine der Häckerwirtschaften herunterladen. Zudem können Sie Informationsbroschüren anfordern oder sich telefonisch beraten lassen.

ℹ   Churfranken e. V., Mainstraße 83, 63897 Miltenberg, ☎ 093 71/660 69 75,
        ✆ info@churfranken.de, 🖥 www.churfranken.de, 🕐 Mo-Fr erreichbar

Karten und GPS

Der Fränkische Rotwein Wanderweg ist sehr gut markiert. Die Karten in diesem Buch sollen im Notfall helfen, den richtigen Weg zu finden. Wenn Sie zusätzlich eine Wanderkarte einpacken, kann diese helfen, falls Sie wirklich vom Weg abkommen oder einfach mehr über die Umgebung wissen möchten.

Besonders empfehlenswert sind die Karten vom Spessart-Bund Spessart – Klingenberg/Mönchberg. Diese beinhaltet die gesamte Region um den

Fränkischen Rotwein Wanderweg. Diese können nur auf der Internetseite des Spessart-Bunds erworben werden: 🖥 www.spessartbund.de/shop-wanderkarten.

Die GPS-Tracks zum Fränkischen Rotwein Wanderweg können Sie kostenfrei auf der Internetseite des Verlags herunterladen (🖥 www.conradstein-verlag.de). Mithilfe von GPS-Geräten oder Apps wie komoot und Outdooractive können Sie einfach den GPS-Daten folgen.

📖 Tipps zum Umgang mit dem GPS-Gerät finden Sie in dem Ratgeber „GPS – Grundlagen • Tourenplanung • Navigation" von Michael Hennemann, Conrad Stein Verlag, ISBN 978-3-86686-495-5, € 9,90.

Medizinische Versorgung

Um sich selbst und Ihre Begleitung beim Wandern im Notfall versorgen zu können, ist ein Erste-Hilfe-Set im Rucksack unerlässlich. Achten Sie auch auf Wegpunkte mit Koordinaten des Standorts an Wegweisern oder Wanderhütten, die Sie durchgeben können, um in einer Problemsituation Hilfe zu rufen. So können Sie schneller und einfacher gefunden werden.

Apotheken und Ärzte befinden sich in den Orten am Weg. Ein Krankenhaus finden Sie in Erlenbach am Main. Es liegt sehr nah am Weg auf der Strecke zwischen Elsenfeld und Erlenbach.

Radfahren

Der Fränkische Rotwein Wanderweg ist ausschließlich zum Wandern ausgelegt. Durch die vielen Feld- und Schotterwege und auch Treppen vor allem auf der 5. Etappe ist der Weg zum Befahren mit einem klassischen Fahrrad oder Tourenbike nicht geeignet. Mit einem Mountainbike könnten Sie zwar gut vorankommen, aber gerade an engen Abschnitten in den Weinbergen gäbe es keine Möglichkeit, den Wanderern auszuweichen. Außerdem sind einige Weinberge eingezäunt, um sie vor Wild zu schützen. Beim Auf- und Absteigen zum Öffnen der Tore, gerade in einer Steillage am Weinberg, vergeht einem jeder Fahrspaß.

Wenn Sie diese Region mit dem Rad (ein Tourenbike ist ratsam) erkunden möchten, sollten Sie sich den MainRadweg anschauen, der parallel zum Fränkischen Rotwein Wanderweg verläuft, jedoch nicht durch die

Weinberge, sondern am Main entlang. So können Sie die Weinberge dann von unten bestaunen oder während Ihrer Radtour einzelne Etappen durch Ausflüge zu Fuß unternehmen. Vor allem die 4. Etappe können Sie zum Beispiel wunderbar „einschieben", da sie mit 4 km sehr kurz ist und der Etappenbeginn Erlenbach und das Etappenziel Klingenberg durch eine S-Bahn verbunden sind.

In jedem Fall gibt es wichtige Regeln für das Miteinander von Wanderern und Fahrradfahrern: Gegenseitige Rücksichtnahme wird dafür vorausgesetzt.

Streckenweise sind auch Fahrradfahrer unterwegs

Reisezeit

Jede Jahreszeit hat ihren eigenen Reiz, den Sie auch auf dem Fränkischen Rotwein Wanderweg erleben können. Am besten eignen sich die Frühlings- und Sommermonate. Wenn die Natur zu neuem Leben erweckt wird, Blüten die Bäume und Felder erstrahlen lassen und die Weinreben aus ihrem Winterschlaf erwachen, ist auch die Wanderung besonders schön. Vor allem entlang des Panoramawegs von Erlenbach nach Klingenberg leuchten gegen Ende März die Mandelbäume in zartem Rosa. Im Mai und Juni können Sie erleben, wie die Reben blühen. Ein kleines Naturspektakel, von dem nicht viele wissen.

Im Sommer sind die Weinberge sattgrün und neben den Häckerwirtschaften laden Weinausschankstationen in den Weinbergen zwischen Erlenbach und Klingenberg dazu ein, Wanderung und Genuss zu verbinden. Die Reben wollen nicht nur am Wegesrand bestaunt, sondern auch ihre Erzeugnisse im Glas gekostet werden.

Zwischen Mai und September häufen sich die Weinfeste in der Gegend. Wer die Wanderung mit dem Erlenbacher Weinfest, der Nacht der Weine in Großheubach oder dem Weinfest im Kloster Himmelthal in Elsenfeld verbinden kann, erlebt die Region noch einmal auf eine ganz andere Weise. Die entsprechenden Termine finden Sie im Weinkalender auf der Internetseite von Churfranken (🖥 www.churfranken.de).

Im September oder Oktober – wetterbedingt variiert der Zeitraum und kann im Voraus nie genau bestimmt werden – beginnt die Zeit der Lese. Dies ist ein besonderes Ereignis in den Weinanbaugebieten, das sich jedes Jahr aufs Neue ereignet. Kurz danach beginnen sich die Blätter zu färben und die Weinberge erstrahlen in Gold und Gelb.

Bei der Lese im Weinberg

Da die Häckerwirtschaften das ganze Jahr geöffnet haben und zum Teil auch Glühwein anbieten, verliert der Weg selbst im Winter seinen Reiz nicht. Die Weinberge sind Schnee bedeckt ebenfalls schön.

Bei allem Genießen sollten Sie aber Ihre Gesundheit nicht vergessen: Sonnenschutz ist immer wichtig, da es auf vielen Abschnitten keinen Schatten gibt.

Telefon und Internet

Der Fränkische Rotwein Wanderweg verläuft von Ort zu Ort durch die Weinberge und teilweise auch am Main entlang. Sie kommen selten in wirklich ländliche und abgelegene Gebiete, sodass Sie sich im Normalfall keine Gedanken um Ihren Handyempfang machen müssen. Wie gut Ihr Empfang am Ende ist, hängt jedoch von verschiedenen Faktoren wie zum Beispiel Ihrem Anbieter ab.

In der von Ihnen gewählten Übernachtungsmöglichkeit sollten Sie (kostenlos) WLAN nutzen können. Wie stark das WLAN ist, ob es passwortgeschützt ist und in welchen Teilen der Unterkunft Sie darauf zugreifen können, ist von Unterkunft zu Unterkunft unterschiedlich.

Übernachtungsmöglichkeiten

☞ Der Fränkische Rotwein Wanderweg liegt in einem touristisch gut erschlossenen Gebiet. In den Ortschaften, die entlang der Etappen und an ihrem Ende bzw. Anfang liegen, haben Sie meistens mehrere Unterkünfte zur Auswahl. Zur Hochsaison ist es dennoch ratsam, rechtzeitig Ihr Wunschhotel zu buchen.

Auch abseits des Wegs finden sich Übernachtungsmöglichkeiten, die zum Teil ganz besondere Highlights einer Reise sein können. Zum Beispiel befindet sich unweit des Wegs im Kurort Mönchsberg ein Baumhaushotel. Diese Highlights in die Etappenplanung mit einzubeziehen, würde jedoch zu einer deutlichen Veränderung und Verlängerung der Strecken führen. Daher wäre die klare Empfehlung, lieber noch ein paar Tage hinten anzuhängen und die Zeit auf dem Fränkischen Rotwein Wanderweg wirklich diesem zu widmen. Alternativ könnten Sie einen Hol-/Bringservice anfragen.

In diesem Buch werden die Etappen so dargestellt, dass sich an ihrem Ende die Übernachtungsmöglichkeit befindet. Einzige Ausnahme ist die 2. Etappe. An ihrem Ende, in Elsenfeld, befindet sich keine Unterkunft, sodass Sie entweder die Etappe in Obernburg beenden sollten oder mit öffentlichen Verkehrsmitteln, dem Taxi oder durch einen Holservice in Ihre Unterkunft gelangen sollten.

Falls es mehrere Hotels an einem Etappenziel zur Auswahl gibt, werden nur die für Wanderer des Fränkischen Rotwein Wanderwegs am günstigsten gelegenen genannt. Ob sich in einem Ort Unterkünfte finden, erkennen Sie an dem entsprechenden Symbol 🛏.

Weitere Übernachtungstipps finden Sie in der Broschüre des Fränkischen Rotwein Wanderwegs oder auf der Internetseite von Churfranken. Auch auf Buchungsportalen wie 💻 www.booking.com können Sie nach Unterkünften stöbern.

☺   Allerdings ist nicht jede Unterkunft dort gelistet, sodass sich ein Blick in die Empfehlung des lokalen Tourismusvereins lohnen kann. Außerdem kann eine Buchung direkt im Hotel Vorteile mit sich bringen. Zudem unterstützen Sie das Hotel, da es so keine Gebühren abgeben muss.

✋   Ferienwohnungen werden in diesem Wanderführer nicht aufgelistet, weil diese für gewöhnlich für längere Aufenthalte als nur eine Nacht gedacht sind.

☺   Wenn Sie lieber in einer normalen Wohnung als in einem Hotel unterkommen möchten, lohnt sich ein Blick auf die Plattform 💻 www.airbnb.com.

✋   Zum Zimmerpreis kann eine Kurtaxe bzw. ein Kurbeitrag erhoben werden. Diese wird dann in der Unterkunft vor Ort beglichen.

🏠   Es gibt keine Jugendherbergen entlang des Wegs oder im näheren Umfeld.

⛺   Wer am Ende des Wandertages lieber das Zelt aufbaut und näher an der Natur übernachtet, kann auch von Campingplatz zu Campingplatz laufen. Das Angebot ist umfassend. Wildes Campen ist nicht erlaubt. Geduldet wird hingegen das Biwakieren – also Übernachtungen unter freiem Himmel, ohne Zelt, dafür im Schlafsack oder in einer Wanderhütte. Hinterlassen Sie jedoch bitte keinen Müll und gehen Sie respektvoll mit der Natur um.

Updates

Der Conrad Stein Verlag veröffentlicht Updates zu diesem Wanderführer, die direkt von der Autorin oder von Lesern des Buches stammen.

 Sie finden sie auf der Internetseite des Verlags (🖥 www.conrad-stein-verlag.de), wenn Sie dort diesen Buchtitel aufrufen. Der links abgebildete QR-Code führt Sie direkt zur richtigen Seite.

☺   Wege können verlegt werden, Hotels und Restaurants können schließen und trotz aller Sorgfalt bei der Recherche lassen sich kleine Fehler nicht immer vermeiden. Verlag und Autorin freuen sich daher über Hinweise zum Buch und zum Weg per Mail an ✍ info@conrad-stein-verlag.de.

Verkehrsmittel am Weg

Obwohl die Strecken durch die Weinberge, über Felder und durch Wälder verlaufen, sind die Etappenziele des Fränkischen Rotwein Wanderwegs recht gut angebunden. Eine gute Planung der An- und Abreise ist dennoch unerlässlich, da die Verkehrsmittel nicht unbedingt im 30-Minuten-Takt fahren.

Obernburg-Elsenfeld (3. Etappe), Erlenbach (4. Etappe), Klingenberg (5. Etappe) und Miltenberg (liegt auf der 6. Etappe) haben jeweils Bahnhöfe, die Sie zum Beispiel aus Aschaffenburg oder aus Wertheim erreichen. Diese werden von der Maintalbahn 781 der Westfrankenbahn angefahren. Die jeweiligen Orte mit Bahnhöfen sind in den Karten und im Text durch das Symbol 🚂 gekennzeichnet.

Die übrigen Etappenziele können Sie ab Aschaffenburg, Obernburg bzw. Miltenberg mit Bussen erreichen.

Wenn Sie sich über die bestehenden Verbindungen informieren wollen, können Sie dies auf der Internetseite bzw. in der App der Deutschen Bahn tun: 🖥 www.bahn.de. Auch unter 🖥 www.westfrankenbahn.de und 🖥 www.vab-info.de bzw. in den entsprechenden Apps können Sie sich über Fahrtzeiten und Ticketpreise informieren oder sofort Ihr Ticket kaufen.

Verpflegung

Auf jeder Etappe bzw. spätestens an ihrem Ende erwarten Sie Einkehrmöglichkeiten. Der Fränkische Rotwein Wanderweg wurde überhaupt erst ins Leben gerufen, um die Weingüter und Häckerwirtschaften zu verbinden, die das ganze Jahr über Wanderer zum Einkehren empfangen. Ob und wo es Möglichkeiten zum Einkehren gibt, erkennen Sie am Symbol ✖.

An den Etappenzielen können Sie zudem in Supermärkten einkaufen und sich selbst um Ihre Verpflegung kümmern. Alternativ können Sie gegen einen Aufpreis auch Lunchpakete in Ihren Unterkünften buchen. Wer während der Wanderung picknicken möchte, kann beim Weingut Stritzinger (🖥 www.weinbau-stritzinger.de) in Klingenberg einen Picknickkorb buchen. Auf Anfrage kann es auch möglich sein, sich am Frühstücksbuffet ein wenig Proviant zusammenzustellen.

Genuss und der Fränkische Rotwein Wanderweg gehen Hand in Hand. Churfranken ist nicht umsonst Teil der Route der Genüsse. Das beginnt bei der allgegenwärtigen Weinkultur, die durch die Häckerwirtschaften für Einheimische wie Wanderer gleichermaßen sehr präsent dargestellt wird. Aber auch die Bierkultur wird

Genuss am Honisch Beach

großgeschrieben. Hier gibt es international ausgezeichnete Brauereien, die ebenfalls zur lokalen Kultur gehören. Fleisch, Wurst, Käse und Eier – für Vegetarier und Veganer vielleicht schwierig, aber in Churfranken Teil der Traditionen. Das zeigt sich auf den (Bio-)Bauernhöfen, in den Fromagerien und Metzgereien, in denen mit viel Liebe gearbeitet wird. Brot, Kuchen und Gebäck mit heimischen Zutaten in jeder Form sind in dieser Region Bayerns ein zentrales Element der Küche. In der Bäckerei Mayer's Bäck (Filialen gibt es in Elsenfeld, Erlenbach, Großheubach, Miltenberg und Obernburg) können Sie sogar einen echten Brotsommelier antreffen.

🖐 Informieren Sie sich bitte im Voraus über Öffnungszeiten und Schließtage der Restaurants, die Sie sich ausgeschaut haben. Viele Betriebe und so auch manche Hotelrestaurants haben an einem Tag pro Woche geschlossen.

Wandern mit Hund

Wenn Ihr vierbeiniger Freund gut trainiert und fit genug ist, darf er Sie gerne auf den Fränkischen Rotwein Wanderweg begleiten. Ein Großteil des Weges führt Sie jedoch über geteerte Straße und Sie durchqueren einige Winzerdörfer – behalten Sie dies im Hinterkopf und überlegen Sie, ob Ihr Hund mit so langen Strecken auf normalen Straßen zurechtkommt. Die Feld- und Wanderwege, auf die Sie durchaus auch treffen, sollten für die Pfoten Ihres Hundes sehr angenehm zu laufen sein. Sie sollten jedoch Wasser und einen Napf für ihn dabeihaben, da nicht immer Bäche entlang des Wegs warten, um seinen Durst zu stillen. Achten Sie bitte in besonderem Maße darauf, dass Ihr Hund in Ihrer Nähe bleibt und weder auf andere Wanderer noch auf Radfahrer oder andere Tiere zurennt.

Geben Sie zudem bitte bei der Buchung der Unterkunft an, dass Sie Ihren Hund mitbringen, um Probleme im Voraus auszuschließen.

✋ Denken Sie auch an genügend Hundefutter. Falls Sie nach einem langen Wandertag nicht mehr den nächsten Supermarkt suchen möchten, sind Sie so jederzeit gut ausgestattet.

📖 Tipps rund um das Thema Wandern mit Hund finden Sie in „Trekking mit Hund" von Heiko Kühr, Conrad Stein Verlag, ISBN 978-3-86686-550-1, € 9,90.

Wandern mit Kind

Der Fränkische Rotwein Wanderweg sollte auch von Kindern gut bewandert werden können. Da der Weg vor allem aus Feld- und Wanderwegen besteht, er keine extremen Steigungen oder Gefälle hat und es keine gefährlichen Abschnitte gibt, sollten Sie mit der ganzen Familie losziehen können. Einzig bei der Länge sollten Sie schauen, ob Ihre Kleinen durchhalten können. Eine Faustregel für die mögliche Länge von Wanderungen mit Kindern ist das Alter mal 1,5 zu nehmen. Das ist die Strecke, die ein Kind laufen können sollte. Für den Fränkischen Rotwein Wanderweg bedeutet das also, dass er für Kinder ab 10 bis 11 Jahren in den vorgegebenen Etappen problemlos machbar sein sollte. In jedem Fall sollten Sie bei der Wanderung mit Kind darauf achten, genug Zeit für Pausen und gegebenenfalls kürzere Etappen einzuplanen.

📖 „Wandern mit Kind" von Kerstin Micklitza, Conrad Stein Verlag, ISBN 978-3-86686-015-5, € 7,90

Wanderreisen und Gepäcktransport

Wer die Organisation der Wanderung Profis überlassen möchte, kann eine Wanderreise buchen. Dort haben Sie die Wahl, ob Sie die gesamte Strecke oder nur einzelne Etappen laufen möchten. Bei TS Touristik (💻 www.ts-touristikservice.de) können Sie zum Beispiel zwischen der viertägigen Kurztour und der sechs Tage dauernden sogenannten gemütlichen Tour des Fränkischen Rotwein Wanderwegs wählen. Auch bei Erlebniswelt Wandern (💻 www.erlebniswelt-wandern.de) können Sie den Fränkischen Rotwein Wanderweg in vier Etappen buchen. Eine solche Wanderreise enthält für gewöhnlich die Übernachtungen in Hotels, die für Sie gebucht werden, Frühstück, Informationsmaterialien und Gepäcktransport von Hotel zu Hotel. So können Sie mit einem Tagesrucksack wandern gehen, der alles fasst, was Sie für den Tag benötigen. Ihr großer Rucksack oder gar Koffer wird dann einfach zum nächsten Hotel gebracht.

Diesen Service können Sie jedoch auch ohne Wanderreise buchen. Fragen Sie einfach bei der Buchung Ihrer Unterkunft nach dem Gepäcktransport und im Regelfall sollte dieser dann gegen einen kleinen Aufpreis von € 10 bis 15 hinzuzubuchen sein. Der genaue Preis hängt von der Personenzahl und der Entfernung ab. An dem Symbol 🎒 erkennen Sie, ob die Unterkunft den Gepäcktransport übernimmt.

Wegbeschaffenheit

Die Wegbreite und Untergründe während der Wanderung auf dem Fränkischen Rotwein Wanderweg werden stark variieren. Manche Pfade sind schmal, während andere breit sind. Ein Großteil des Wegs besteht aus breiten, geteerten Wegen, sodass die Winzer ganz einfach auch mit großen Fahrzeugen und Maschinen an ihre Reben herankommen. Aber natürlich gibt es auch Feld- und Schotterwege.

Vor allem in den Orten müssen Sie jedoch mit Asphaltstraßen rechnen. Die Abschnitte können durchaus auch mal länger sein, da die Winzerorte sowie die Einkehr beim Winzer oder in die Häckerwirtschaften im Fokus des Fränkischen Rotwein Wanderwegs steht.

Die Wege sind gut gepflegt und sauber. Bei Regenperioden ist es jedoch möglich, dass sich auf einigen Abschnitten Matsch bildet. Festes und vor allem wasserfestes Schuhwerk ist hier von Vorteil. Je nachdem wann das letzte Mal gemäht wurde, können Wiesenabschnitte gerade in den Sommermonaten hochgewachsen sein. Die Wege sollten jedoch weiterhin gut erkennbar sein. Es ist allerdings ratsam, dass Sie sich dann vor Zecken schützen. Eine Zipp-off-Hose ist da zum Beispiel praktisch.

Wegmarkierung

Der Fränkische Rotwein Wanderweg steht für Wandern im Zeichen des Rotweinglases. Und das ist wörtlich zu nehmen. Denn selbst die Markierung zeigt ein Rotweinglas auf weißem und grünem Grund.

Der Wegweiser des
Fränkischen Rotwein Wanderwegs

Diese Markierung findet sich regelmäßig am Wegesrand, sodass Sie der Beschilderung gut folgen können sollten. Beachten Sie jedoch, dass es sein kann, dass ein Schild fehlt, weil zum Beispiel ein Baum gefällt wurde oder die Markierung witterungsbedingt abgefallen ist.

Sollten Sie mal länger keine Beschilderung entdecken, kann es sein, dass Sie die falsche Abzweigung genommen haben. Die Verwendung eines GPS-Tracks wirkt einer solchen Situation entgegen. Normalerweise ist der Weg jedoch wirklich gut ausgeschildert und auch Wegweiser zu den nächsten Ortschaften sind in regelmäßigen Abständen zu finden. Es ist außerdem ratsam, dass Sie auf die Beschilderung achten, da nicht immer jeder Abzweig beschrieben ist.

Der Weg ist in beide Richtungen markiert.

Der Fränkische
Rotwein Wanderweg

1. Etappe: Großwallstadt – Großostheim

⟳ 16,2 km, ⧗ 4 Std. 20 Min., ↑ 160 m, ↓ 140 m, ⇧ 113-236 m

0,0 km	⇧ 124 m	Großwallstadt 🛏 ✕ ☕ 🏚 BANK 🪑 ⌘ ✝ 〰 🚌
5,0 km	⇧ 117 m	Seehotel Niedernberg 🛏 ✕
5,2 km	⇧ 120 m	Honischland Beach Bar ✕ 🍷 〰 🤿
10,5 km	⇧ 207 m	Friedensbank 🪑 🖼
11,6 km	⇧ 240 m	Wendelinuskapelle ✝ 🪑
13,5 km	⇧ 223 m	Schützenhaus
15,4 km	⇧ 150 m	Mut-Mach-Stein ✝ 🪑
16,2 km	⇧ 134 m	Großostheim ℹ 🛏 ✕ ☕ 🏚 BANK 🪑 ⌘ ✝ 🚌

Der Fränkische Rotwein Wanderweg beginnt mit einer flachen Strecke in Großwallstadt. Die Stadt, in der Genuss und Entspannung großgeschrieben werden, im Rücken geht der Weg am Main entlang durch eine abwechslungsreiche Auenlandschaft. An der „Blauen Brücke" vorbei führt der Weg an den Rand der Niedernberger Seenplatte und direkt an den großen Badesee Niedernberg. Den See zur Linken passieren Sie die Honischland Beach Bar, gehen durch den kleinen Tunnel und erreichen den Silbersee.

Sie wandern an der Straße entlang mit Feldern zu beiden Seiten. Das Highlight im letzten Drittel ist die Wanderung direkt durch den Weinberg bis zur Friedensbank und von dort zur Wendelinuskapelle. Vorbei am Schützenhaus bietet kurz darauf das Weingut Höflich unweit vom Ziel eine Einkehrmöglichkeit. Von dort ist Großostheim nicht mehr weit. Durch ein Feld, vorbei am Mut-Mach-Stein an der Alt-Heiligkreuz-Kapelle, sehen Sie bereits die Dächer der Stadt. Zum Marktplatz und Etappenziel laufen Sie nun nur noch geradeaus.

☺   *Wenn Sie lieber einen kurzen Einstieg bevorzugen, können Sie auch bereits an der Niedernberger Seenplatte übernachten. Das empfiehlt sich vor allem mit Kindern oder weniger fitten Wanderern. So entspricht die erste Etappe nur 5 km und Sie können den Tag entspannt am See ausklingen lassen. Am folgenden Tag können Sie ausgeruht in den zweiten Teil der ersten Etappe starten, der dann nur noch 11 km lang ist.*

Großwallstadt

⇌ In Großwallstadt gibt es einige Übernachtungsmöglichkeiten. Der Fränkische Rotwein Wanderweg beginnt am Sporthotel, sodass dieses die einfachste Wahl ist. Aber auch die anderen liegen unweit des Startpunkts.

⇌ ✕ Business Sporthotel + Conference, Am Neubergsweg 6-10, 63868 Großwallstadt, ☏ 060 22/26 59 81 11, ✉ info@business-sporthotel.com, 🖥 www.business-sporthotel.com, ÜF DZ ab € 89, 🐾 € 10, 📷 auf Anfrage, 🍎 auf Anfrage, am Startpunkt des Fränkischen Rotwein Wanderwegs

♦ Gästehaus Schnabel, Nibelungenstr. 44, 63686 Großwallstadt, ☎ 01 76/73 22 88 00, ✉ info@gaestehaus-schnabel.de, 🖥 www.gaestehaus-schnabel.de, ÜF DZ ab € 55, 📷 auf Anfrage, 🍎 auf Anfrage, direkt am Weg (bei km 1,4, direkt am Main)

⌘ Heimschneidermuseum, Hauptstraße 3, ☏ 060 22/220 70, 🕐 nach Vereinbarung

≈ MainAuen Badewelt, Mainstraße 40, 63868 Großwallstadt, ☏ 060 22/65 52 15, 🖥 www.grosswallstadt.de/tourismus/schwimmbad, 🕐 während der Badesaison 7:00-20:00, außerhalb der Badesaison geschlossen

♦ Maintal-Saunen, Lützeltaler Straße 1, 63868 Grosswallstadt, ☏ 060 22/239 84, ✉ info@maintal-saunen.de, 🖥 www.maintal-saunen.de, 🕐 Mo-Sa 10:00-22:00, So und Fei 9:00-21:00, Mi Damentag (außer an bayerischen Feiertagen), für Öffnungszeiten an Weihnachten und zwischen den Jahren bitte Website checken

🚌 ☞ Reise-Infos von A-Z, An- und Abreise

*In der Altstadt
von Großwallstadt*

Die erste urkundliche Erwähnung Großwallstadts war im Jahre 1000 in der Schreibweise „Ualohostat". So blickt die Gemeinde mit nicht einmal 5.000 Einwohnern auf eine lange Geschichte zurück. Ein Spaziergang durch die Altstadt mit Gebäuden aus dem 16. Jahrhundert ist fast wie eine kleine Zeitreise.

Heute treffen hier zwei Welten aufeinander: Denn zum einen ist Großwallstadt ein Gründerzentrum mit einer aktiven Gewerbestruktur und bekannten Unternehmen. Außerdem ist es ein Modezentrum, das sich bereits seit dem 19. Jahrhundert entwickelte. Davon

zeugt die Heimschneiderei – ein Heimatmuseum, in dem Sie Heimschnei-
derwerkstätten aus dem 20. Jahrhundert und historische landwirtschaftli-
che Geräte besichtigen können. Zum anderen steht das Großwallstadt des
21. Jahrhunderts für Genuss und Entspannung. Dafür sorgen die ≈ Main-
Auen Badewelt während der Badesaison mit dem Freibad und ganzjährig
die Maintal-Saunen. Aber auch der Fränkische Rotwein Wanderweg, der
hier beginnt, steht im Zeichen des Genießertums.

⌘ Mode – damals und heute

Ab dem Ende des 19. Jahrhunderts war die Heimschneiderei in Großwallstadt ein wichtiges Zubrot für Kleinbauern. Wie man sich so eine Heim-
schneiderwerkstatt vorstellen kann, zeigt das Heimschneidermuseum, das
in einem Fachwerkhaus aus dem 16. Jahrhundert untergebracht ist. Hier
können Sie sehen, wie die Entwicklung der Heimschneiderei und anderer
Handwerke vonstatten gegangen ist. Auch der Aspekt der Einführung der
Elektrizität wird dargestellt. Johann Desch, einem bekannten Schneider
und Unternehmer aus Großwallstadt, ist eine eigene Abteilung gewidmet.

Der Fränkische Rotwein Wanderweg beginnt direkt am ⇌ ✕ Business
Sporthotel. Das Hotel im Rücken laufen Sie nach rechts, gehen vorbei an
✕ Wallstadt's Restaurant und biegen dann nach rechts ab. Die Straße laufen Sie bis zu ihrem Ende und folgen dann der Großostheimer Straße nach
rechts, bis diese auf die Hauptstraße trifft. Gehen Sie nach links, bis Sie ein
großes Schild vor einem beeindruckenden Fachwerkhaus auf der rechten
Seiten sehen, das auf den Rotwein Wanderweg, die Bücherei, den Friedhof
und die Kirche verweist. Nun liegt das ⌘ Heimschneidermuseum vor
Ihnen.

Dem oben erwähnten Schild folgend führt die Route nach rechts in die
Kirchgasse. An der ✝ St.-Peter-und-Paul-Kirche vorbei, von deren Turm
der untere Teil noch von 1596 stammt, ist nun das Mainufer bereits zu
sehen.

Dem Wegweiser folgend biegen Sie nach links auf die Uferpromenade
ab und laufen flussabwärts. Zur Rechten fließt der Main, auf den Sie über
die Büsche und durch die Bäume immer wieder mal einen Blick erhaschen
können. Manchmal öffnet sich die natürliche Abgrenzung und Sie können
die wenigen Schritte zum Ufer zurücklegen. Schwäne, Enten und andere
Vogelarten fühlen sich in den Mainauen besonders wohl, sodass Sie sie

nicht selten in aller Ruhe beobachten können. Die Auen ragen wie kleine, wild bewachsene Inselchen aus dem Main hervor.

Zur Linken hingegen begleitet Sie noch das ein oder andere Wohnhaus, bevor Sie den Stadtrand erreichen und links nur noch Felder und Wiesen sind. Je nach Jahreszeit wehen hier die hohen Ähren der Kornfelder im Wind und sorgen für ein beinahe meditatives Wohlgefühl.

Nach und nach kommt sie näher: die Autobrücke über den Main, die auch aufgrund ihrer Farbe schlicht „Blaue Brücke" ❶ genannt wird. Kurz vor der Brücke beginnt ein Asphaltweg, auf dem Sie die Brücke unterqueren. Danach weist ein Radwegschild den Weg nach Niedernberg.

Die Blaue Brücke

Bis zur Linkskurve folgen Sie dem Fahrradweg, an der Sie dann jedoch geradeaus am Mainufer entlangwandern. Nun befinden Sie sich auf einem Wiesenweg, der Sie bis zu einer Wohnsiedlung bringt – der sogenannten Wochenendhäusersiedlung. Gehen Sie hier links die Straße hinauf und am Ende des Wegs wieder nach links. Folgen Sie dem Wegweiser des Fränkischen Rotwein Wanderwegs in einem kleinen Bogen, um an den See zu gelangen. Rechts laufen Sie nun am Ufer entlang. An warmen Sommertagen liegen Menschen in den Buchten und genießen das kühle Nass. Der Blick Richtung Norden zeigt bald den Beach Club des Seehotels mit seinem Sandstrand, Sonnenschirmen und Tretbooten.

☞   Wenn Sie an der rechten nördlichen Ecke des Sees rechts und dann sofort links gehen und der Straße folgen, kommen Sie nach Niedernberg.

Niedernberg

☞   In Niedernberg gibt es vier Übernachtungsmöglichkeiten. Der Fränkische Rotwein Wanderweg führt direkt an einer vorbei.

☞ ✕ Seehotel Niedernberg, Leerweg, 63843 Niedernberg, ☎ 060 28/999 90,
       ✉ mail@seehotel-niedernberg.de, 🖥 www.seehotel-niedernberg.de,
       ÜF DZ ab € 135, 🐾 auf Anfrage, 💼 auf Anfrage, 🍎 auf Anfrage, direkt am Weg
       (bei km 5, direkt am Niedernberger Badesee)

◆   Pension Café Reinhard, Blumenstraße 7, 63843 Niedernberg, ☎ 060 28/993 70 90,
       ✉ kontakt@pensionreinhard.de, 🖥 www.pension-reinhard.de, ÜF DZ ab € 74,
       💼 auf Anfrage, 🍎 auf Anfrage, 1,1 km vom Weg entfernt

🚌   Busverbindung Richtung Aschaffenburg und Obernburg

Am oberen Rand des Sees angekommen folgen Sie dem Weg nach links zum ☞ ✕ Seehotel, das sich hinter einer hohen Hecke verbirgt. Durch ein Loch in der Hecke können Sie den großen Teich sehen, der vor dem Hotel ruht. Hier warten auch eine 🍵 Bar und ein ✕ Restaurant, die mit dem idyllischen Ausblick locken.

☺   Wer entspannt in den ersten Tag starten oder einfach lieber kürzere Etappen wandern möchte, um Rücksicht auf weniger fitte Mitwanderer, Kinder oder tierische Begleiter zu nehmen, der kann die Etappe hier nach genau 5 km entspannt beenden und den Rest des Tages am See genießen. Das Seehotel Niedernberg, das sich selbst als Dorf am See bezeichnet, bietet dafür die ideale Möglichkeit.

Am Eingang des Beach Clubs und der Bodega vorbei laufen Sie rechtsherum und dann links. Schon sehen Sie den Parkplatz vom 〜〜 Honisch Beach.

Hier lohnt es sich, eine kleine Pause einzulegen. Ob Sie sich nur eine spritzige Erfrischung oder Ihren Füßen im kühlen Seewasser ein wenig

1
Kern
Großostheim
N
W
O
S
0 0,5 1 1,5
km
Flutmulde
Main
Altenbach
AB3
Niedernberg
Sulzbach am Main
Sulzbach
469
St2313
St2309
7 Abzw. Weingut
Weingut Höflich
Alte Ziegelei
1
3 T-Kreuzung
Golfplatz Rosenhof
Honischland Beachbar
2
Seehotel
4
Friedensbank
Schützenhaus
6
Silbersee
Niedernberger See
Höhenberg 224 m
2
Reitstall Lindenhof
1 Blaue Brücke
5 Wendelinuskapelle
Wendelinushof
AB1
Dachsberg 231 m
Gollas See
Schnabel
Großwallstadt
Geo-Naturpark Bergstraße-Odenwald
3 Weinberg Lützeltal
Business Sporthotel + Conference
Dörnberg 251 m
STEPMAP © Stepmap. 123map Daten: OpenStreetMap. ; ODbL

1
m
300
250
200
150
100
50
0
Großwallstadt
Blaue Brücke
Honischland Beachbar
T-Kreuzung
Friedensbank
Wendelinuskapelle
Schützenhaus
Weingut Höflich
Großostheim
0 1 2 3 4 5 6 7 8 9 10 11 12 13 14 15 16 17 km

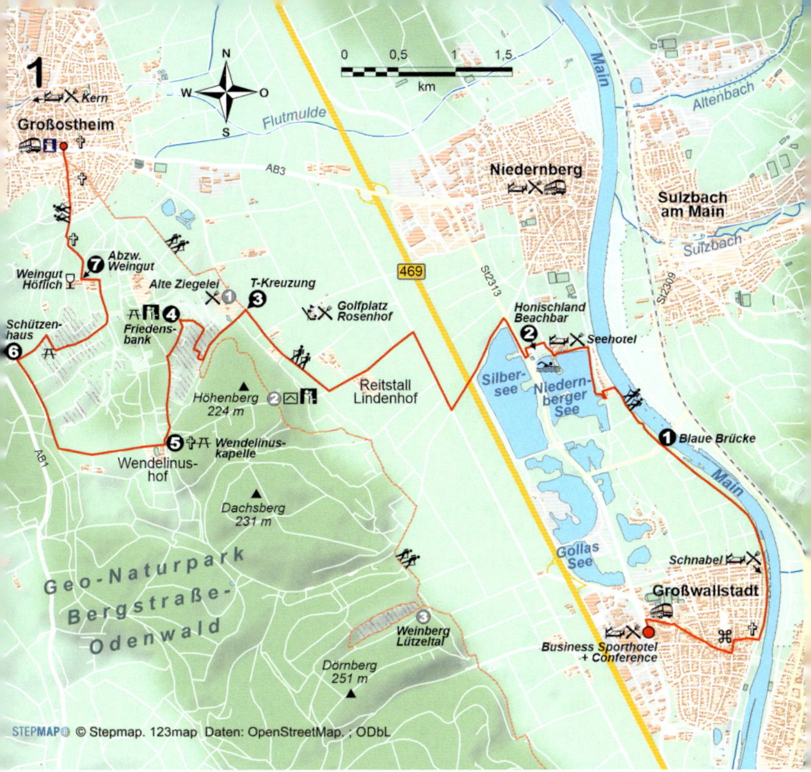

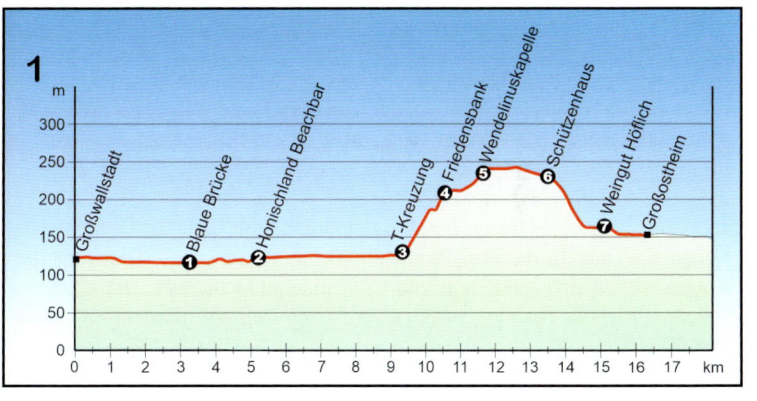

Blick auf den Beach Club vom Seehotel

Entspannung gönnen wollen – der Honisch Beach ist dafür wunderbar geeignet. An der Beach Bar bekommen Sie Getränke und leckere Snacks wie Pommes mit Trüffel-Mayonnaise und Parmesansplittern, die durch ihre einfallsreiche Kombination auffallen. Natürlich können Sie auch einfach normale Pommes bestellen. Außerhalb der Badesaison wartet die Bodega im Innenbereich, sodass Sie hier das ganze Jahr über mit Speis und Trank empfangen werden. Das alles wird Ihnen in familiärer Atmosphäre geboten. Und selbstverständlich mit Seeblick.

✕ ♀ Honischland Beach Bar & Bodega, Leerweg 2, 63843 Niedernberg,
☎ 060 28/948 28 30, 🖥 www.honischland.com, 🚩 in der Badesaison 10:00-24:00, außerhalb der Saison je nach Wetter, bitte auf der Webseite prüfen

Hast du's? Honisch!

Der Name Honisch Beach hat übrigens nichts mit dem süßen Bienenerzeugnis zu tun. In dieser Gegend gibt es zahlreiche lokale Dialekte. Die unterscheiden sich schon mal von Gemeinde zu Gemeinde. Die Niedernberger sind dafür bekannt, aus „hab ich" „hon isch" zu machen. So erhielten sie den Spottnamen „Honisch" von ihren Nachbarn und nahmen es locker: Sie benannten einfach ihren See nach dem Spitznamen.

Der Weg führt Sie an der Honischland Beach Bar ❷ vorbei und direkt danach nach links, bevor Sie die Straße erreichen.

Auf der rechten Seite erscheint nach etwa 100 m ein Tunnel, durch den Sie die Kreisstraße unterqueren können. Auf der anderen Seite gelangen Sie an den Silbersee, der kein Badesee ist, in dem es jedoch möglich ist, nach Voranmeldung oder bei Buchung einer entsprechenden Tour zu tauchen. Sie biegen rechts ab und folgen dem Waldweg mit dem Ufer des Silbersees zu Ihrer Linken und der Straße zu Ihrer Rechten, die auf einer Art Damm verläuft.

Am Ende des Wegs gelangen Sie an ein Tor, um das Sie auf der rechten Seite herumgehen können. Wenn Sie nun nach rechts blicken, sehen Sie einen größeren Kreisel. Der Weg führt jedoch nach links auf eine große, geteerte Straße. Erst ist es ungewohnt, hier zu laufen, da es scheint, als wäre es eine ganz normale Autostraße. Jedoch sucht man an den Seiten vergebens nach einem Wanderweg und schnell wird klar: Diese Straße teilen sich Fußgänger, Radfahrer und Autofahrer gleichermaßen. Aber auch Kutschen oder Traktoren kann man hier antreffen. Platz ist genug für alle und so vergeht das komische Gefühl nach wenigen Schritten. Der Weg verläuft über eine Brücke und erreicht dann eine große Kreuzung. Ein bunt besprühtes Mountainbike weist den Weg nach Großostheim, Großwallstadt, Miltenberg und Aschaffenburg. Sie biegen rechts Richtung Großostheim ab – das Etappenziel.

Wegweiser auf dem Fränkischen Rotwein Wanderweg

Rechts und links der Straße warten idyllische Kornfelder. Nach etwa 700 m biegen Sie links ab. Auf der rechten Seite können Sie nun den ⛵ ✕ Golfplatz Rosenhof ausmachen. Hier bietet sich eine Gelegenheit zum Einkehren.

⛵ ✕ Golfplatz und Restaurant Rosenhof, Rosenhof, 63843 Niedernberg,
☎ 060 26/999 06 40, ✉ info@rosenhof-restaurant.de,
🖥 www.rosenhof-restaurant.de, 🕐 11:00-00:00

Gleichzeitig erscheinen linker Hand die ersten Pferde in der Ferne. Der 🐎 Reitstall Lindenhof, der gleichzeitig auch ein Erlebnisbauernhof ist, hat seine Koppel und Reitanlage direkt am Weg. Noch bevor der Waldrand erreicht ist, folgen Sie dem Weg nach rechts und dann 1 km geradeaus. Der Odenwald liegt links von Ihnen und der Golfplatz weiterhin rechts.

Sie erreichen eine T-Kreuzung mit einem Wegweiser von Churfranken ❸, der Sie in Großostheim willkommen heißt. Rechts und links davon befinden sich eingezäunte Weideflächen. Hier können Sie Schafe oder Pferde antreffen – mit etwas Glück sogar mit ihren Lämmern bzw. Fohlen.

🐾 Wer ein wenig Stärkung oder eine Abkühlung braucht, kann an der T-Kreuzung ein kurzes Stück geradeaus gehen und in der Alten Ziegelei einkehren.

✕ Alte Ziegelei Schmitt, Wallstädter Weg 52, 63762 Großostheim,
☎ 060 26/977 93 81, ✉ info@alte-ziegelei-schmitt.de,
🖥 www.alte-ziegelei-schmitt.de, 🕐 Mi-Sa 17:00-23:00, So 11:30-14:30 und 16:30-22:00, Mo und Di Ruhetag, auch direkt am Weg der 2. Etappe bei km 1,7

Die Straße führt Sie nach links. Nun folgt der einzige Anstieg der Etappe. Zunächst folgen Sie der asphaltierten Straße bis zum Weinberg, dem Reischklingeberg. Durch ein Metalltor gelangen Sie auf das Gelände. Auch hier ist der Fränkische Rotwein Wanderweg gut erkennbar ausgeschildert. Sie laufen steil bergauf und biegen dann rechts ab, sodass Sie parallel zu der Asphaltstraße wandern, von der Sie eben gekommen sind.

Weinbau in Großostheim
Bereits im Mittelalter wurde in Großostheim Wein angebaut. Damals reichten die Weinberge bis zur Stadtmauer. Der Reischklingeberg war nicht nur

die Weinlage, die als erste erwähnt wurde – nämlich bereits im 13. Jahrhundert. Er war auch eine der ertragreichsten dieser Zeit. Verschiedene Gründe führten gegen Ende des 18. Jahrhunderts jedoch zu einem Rückgang des Weinbaus in Großostheim. Ein neuer Versuch, Wein anzubauen, ließ fast 150 Jahre auf sich warten. Heute beträgt die Rebfläche mehr als 30 ha und es werden 80 % Weißwein und 20 % Rotwein auf dem fruchtbaren Buntsandsteinboden angebaut.

An der malerischen Winzerhütte, der Finca, (📷 S. 18-19) vorbei folgen Sie dem Weg bergauf immer geradeaus auf den Kaffernberg, bis Sie eine Betonbank erreichen. Das ist die sogenannte 🛈 ⛩ Friedensbank ❹, die einen Blick in die Mainebene mitsamt Aschaffenburger Schloss gewährt. Außerdem ist dies die erste Sitzgelegenheit seit der Honischland Beach Bar.

Die Friedensbank
1928 wurde die Friedensbank in Folge einer Diskussion über eine neue Wasserleitung vom Natur- und Vogelschutzverband errichtet. Der Grund war, dass es bis zu diesem Zeitpunkt nur zehn öffentliche Brunnen gab,

Auf der Friedensbank

über die die Bevölkerung mit Wasser versorgt wurde. Ob zum Waschen, Kochen oder Trinken – wer Wasser benötigte, musste den Gang zu einem der Brunnen antreten. Außerdem hatte man bei einem Brand kaum die Chance, diesen zu löschen, wenn das Löschwasser aus den Brunnen kommen musste. So entstand eine hitzige Diskussion zwischen den vornehmlich älteren Gemeinderatsmitgliedern, die sich gegen die Modernisierung aussprachen, und den progressiven, meist jüngeren Mitgliedern, die die neuen Wasserleitungen befürworteten. So kam es zu einem Riss durch die gesamte Bevölkerung Großostheims. Dann hatte der Natur- und Vogelschutzverein die Idee, eine Bank auf dem Kaffernberg zu errichten, auf der alle 18 Gemeinderatsmitglieder zusammenkommen und diskutieren sollten, bis eine Entscheidung getroffen war. Diese Entscheidung sollte dann nicht mehr infrage gestellt werden. Am Ende erreichte man einen friedlichen Konsens. Die Wasserleitung wurde gebaut und es kehrte Frieden zurück nach Großostheim. Deswegen wurde die Bank Friedensbank getauft.

Sie halten sich nun links und gelangen somit zu einigen Gartenanlagen. Diese liegen zu Ihrer Linken, während sich rechts der Wald befindet. Sobald Sie eine Linkskurve erreichen, führt der Weg Sie auf einem Waldweg rechts hinauf. An seinem Ende erwartet Sie die ✝ ⍭ Wendelinuskapelle ❺. Sie wurde 1607 erbaut und ist, wie der Name sagt, dem heiligen Wendelin gewidmet, dem Schutzpatron des Viehs und der Haustiere. Besonders Schäfer verehren ihn. Hier können Sie eine Pause einlegen, die Pferde auf der gegenüberliegenden Koppel beobachten oder sich in Ruhe die Kirche anschauen, die im Innern mit Malereien und einer Holzvertäfelung geschmückt ist. Wenn Sie ein Lunchpaket eingepackt haben, ist der ⍭ Picknicktisch seitlich der Kirche ein guter Ort, um sich an den mitgebrachten Speisen zu laben.

Die Pferde auf der Koppel gehören zum Zuchtstall Stegmann auf dem Wendelinushof. Der Weg führt Sie direkt daran vorbei, wenn Sie links an der Kapelle abbiegen und gleich darauf rechts auf der asphaltierten Straße weiterwandern. Dieser folgen Sie, bis Sie nach etwa 1 km den Waldrand erreichen. Dort folgen Sie der Asphaltstraße für etwa 40 m und danach weiter einem Weg am Rande des Waldes. Sobald Sie an einer Kreuzung mit einem weißen Gebäude angekommen sind, haben Sie das Pflaumheimer Schützenhaus ❻ erreicht. Wundern Sie sich also nicht, wenn Sie den ein oder anderen Schuss hören. Hier biegen Sie rechts ab.

Rechts und links der geteerten Straße sind weite Felder angelegt. Nach links haben Sie zudem einen hervorragenden Blick in die Ebene. An klaren Tagen können Sie hier sogar die Skyline von Frankfurt am Horizont ausmachen. Dann gelangen Sie erneut an eine Weinlage. Es geht bergab. Passieren Sie den Weinberg und biegen Sie dann rechts ab. Nach etwa 150 m führt der Weg links ab. Zu Ihrer Rechten wartet jedoch ein Rastplatz mit zwei 🪑 Picknicktischen und einer großen Tafel zum Fränkischen Rotwein Wanderweg in Großostheim. Die Picknicktische wurden von Hartmut Hasenkopf gestiftet, der auch als Gästeführer für diese Etappe zur Verfügung steht und sich allgemein stark für seinen Heimatort, Großostheim, einsetzt. Von hier sind es noch 2,5 km bis zum Etappenziel. Wer seine Füße vor dem Endspurt ausruhen möchte, kann dies hier mit Blick auf die Weinberge tun.

Der Weg verläuft weiter bergab und führt Sie an der Weinlage Harstell vorbei. Am Ende des Wegs angekommen biegen Sie nach links ab. Auch an der nächsten Kreuzung biegen Sie wieder links ab. Ein letztes Mal geht es leicht bergauf, bis Sie den Tannenhof erreichen. Noch vor dem 🍷 Weingut Höflich verläuft die Wanderung rechts auf einen Feldweg.

Einkehren auf dem Weingut Höflich

👉   Wenn Sie also einkehren möchten, müssen Sie an der Abzweigung ❼ vorbei und noch ein Stück geradeaus laufen.

🍷   Weingut Höflich, Haarstallweg 49, 63762 Großostheim, ☎ 060 26/466, 📧 info@weingut-hoeflich.de, 🖥 www.weingut-hoeflich.de, 🕐 bitte auf der Internetseite prüfen, da der Weingarten nicht durchgängig geöffnet ist

Nach etwa 100 m zweigt der Weg ab. Sie halten sich links, um auf dem Fränkischen Rotwein Wanderweg zu bleiben. Je nach Jahreszeit und wann das letzte Mal gemäht wurde, kann das Gras hier recht hoch sein. An Büschen und Bäumen vorbei gelangen Sie an die ✞ Alt-Heiligkreuz-Kapelle und den Mut-Mach-Stein. Die kleine Kapelle stammt aus derselben Zeit

Mut-Mach-Stein

wie die Wendelinuskapelle. Eine 🪑 Bank lädt ein letztes Mal zum Verweilen ein. Der Mit-Mach-Stein ist ebenfalls von Hartmut Hasenkopf gestiftet. Er soll eine Erinnerung daran sein, auch die kleinen Glücksmomente zu erkennen und zu genießen.

Nach dem Mut-Mach-Stein geht es rechts auf die geteerte Straße und dann durchs Wohngebiet stets geradeaus, bis Sie den Marktplatz in der Ortsmitte erreichen. Vor Ihnen liegen nun das ⌘ Bachgaumuseum im Nöthigsgut sowie die ✞ Basilika St. Peter und Paul.

Großostheim   ℹ 🛏 ✕ ☕ 🎪 🏦 🪑 ⌘ ✞ 🚌

ℹ   Infostelle Cityladen, Breite Straße 2, 63762 Großostheim, ☎ 060 26/50 04 56 10,
        📧 city-manager@grossostheim.de, 🖥 www.grossostheim.de/tourismus,
        🏴 Mo, Mi, Do, Fr 10:00-12:00

🛏 ☕   Hotel Bäckerei Kern, Breite Straße 77, 63762 Großostheim, ☎ 060 26/97 87 40,
        📧 info@hotel-cafe-kern.de, 🖥 www.hotel-cafe-kern.de, ÜF DZ ab € 86,
        etwa 500 m vom Ende der 1. Etappe entfernt

🛏   Landgasthof Hock, An der Kuhpforte 1, 63762 Großostheim-Pflaumheim,
        ☎ 060 26/971 60, 📧 info@landgasthof-hock.de, 🖥 www.landgasthof-hock.de,
        ÜF DZ ab € 73, 🍎 auf Anfrage, etwa 2,1 km vom Ende der 1. Etappe des Fränkischen Rotwein Wanderwegs entfernt

⌘   Bachgaumuseum, Marktplatz 1, 63762 Großostheim, 🖊 01 71/181 83 03,
        🖥 www.bachgaumuseum.de, 🏴 nach Vereinbarung

🚌   Busverbindung Richtung Aschaffenburg und Elsenfeld

2. Etappe: Großostheim – Elsenfeld

➲ *17,3 km,* ⏳ *4 Std. 50 Min.,* ⬆ *350 m,* ⬇ *370 m,* ⬆ *115-215 m*

0,0 km	⬆ 134 m	Großostheim 🚌 🚶 ✕ 🍺 🏛 🏦 ♨ ⌘ ✝ 🚐
0,3 km	⬆ 140 m	Marienkapelle Frauhäuschen ✝
2,1 km	⬆ 124 m	Landgasthof Alte Ziegelei ✕
4,2 km	⬆ 210 m	Schutzhütte ⌂ 📱
7,2 km	⬆ 160 m	Weinlage Lützeltal
11,2 km	⬆ 205 m	Weinlage Pitztal
15,7 km	⬆ 125 m	Obernburg 🚌 🚶 ✕ 🍺 🏛 🏦 ♨ ⌘ ✝ 🚐
17,3 km	⬆ 120 m	Elsenfeld ✕ 🍺 🏛 🏦 ♨ ⌘ ✝ 🛶 🚐 🚐
		(zum Übernachten 🚐 nach Obernburg)

Die 2. Etappe ist ganz anders als die 1. Während es auf der 1. fast keine Aufstiege gab und Sie nur kurze Passagen durch Wälder liefen, ist die zweite Etappe von ständigem Bergauf und Bergab im Wald gekennzeichnet. Sie verlassen das beschauliche Örtchen Großostheim Richtung Süden, lassen die Marienkapelle hinter sich und laufen durch offene, weitläufige Felder bis zu einer Kreuzung, an der Sie auch schon am Vortag vorbeigekommen sind. Die 1. und 2. Etappen überschneiden sich hier für wenige 100 m. Wo es am Vortag in den Reischklingeberg abzubiegen hieß, geht es heute geradeaus in den Wald hinein. Es folgt der erste von vier starken Anstiegen der Etappe.

Bis zu einer Schutzhütte führt der Weg bergauf und dann nach einem Grenzstein wieder bergab. Der Weg verläuft nun aus dem Wald heraus, an einem Apfelbaumgrundstück entlang und wieder in den Wald hinein. Diese Etappe lebt vom ständigen Wechsel der Szenerie. Ein Schlenker führt nach rechts in die Weinlage Lützeltal und auf gleichem Weg zurück. Wieder geht es bergauf in den Wald hinein. Sie biegen vom Hauptweg ab und gelangen an einen weiteren Weinberg – die Weinanlage Pitztal.

Nach einer kurzen Strecke ohne Steigung gelangen Sie an eine Anschlussstelle der Bundesstraße. An dieser vorbei geht der Weg nach rechts und wieder bergauf. Der Weg führt zu einem steilen Weinberg und von oben haben Sie nun das erste Mal einen Blick über Obernburg-Elsenfeld. Bald darauf ist Obernburg in Sicht. Durch den Ort und über die Brücke erreichen Sie Ihr Tagesziel: Elsenfeld.

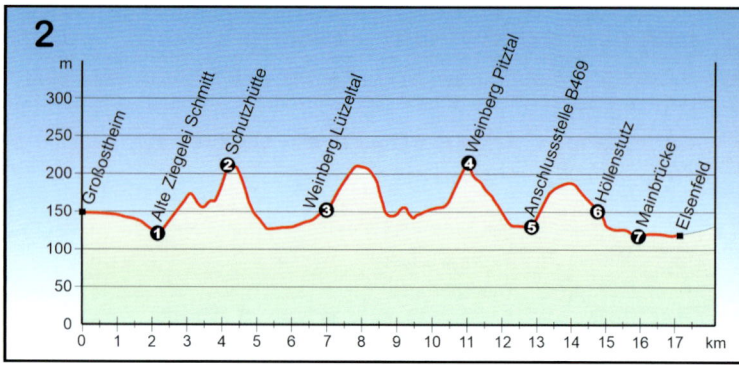

Den Marktplatz mit der imposanten ✠ St.-Peter-und-Paul-Basilika, die den beiden Aposteln Petrus und Paulus gewidmet ist, im Rücken laufen Sie Richtung Süden. Nach etwa 300 m erreichen Sie durch ein Wohngebiet eine kleine ✠ Marienkapelle, die im Volksmund Frauhäuschen genannt wird. Sie ist Teil eines Ensembles von Feldkapellen, zu dem auch die Wendelinuskapelle und die Alt-Heiligkreuz-Kapelle gehören, denen Sie am Vortag auf der ☞ 1. Etappe begegnet sind. Wie Urkunden und Rechnungen bezeugen, sind die drei Kapellen etwa zu Beginn des 17. Jahrhunderts entstanden.

Großostheim liegt nun hinter Ihnen und weites Feld vor Ihnen mit den Ausläufern des Odenwalds, die mit jedem Schritt näher kommen. Eine 🪑 Parkbank lädt zum Verweilen ein. Folgen Sie der geteerten Straße an der Abzweigung mit einem großen Betonmast nach links und an einem großen Baum etwa 250 m später nach rechts. Es geht etwa 700 m geradeaus, bis Sie an eine Kreuzung gelangen, an der Sie links abbiegen. Nach nur 200 m erreichen Sie eine Koppel, an der Sie wieder rechts abbiegen. Sie passieren nun einige Häuser. Eines davon ist die Alte Ziegelei Schmitt ❶ (Infos bei der 1. Etappe auf ☞ S. 44).

An der nächsten T-Kreuzung wartet ein Déjà-vu: Am Vortag sind Sie hier aus der anderen Richtung kommend abgebogen. Auch diesmal biegen Sie wieder ab: nach rechts. Wieder laufen Sie den Hügel bis zum Reischklingeberg nach oben. Anstatt jedoch am Eingangstor zum Weinberg nach rechts in diesen hineinzulaufen, halten Sie sich geradeaus weiter bergauf auf einem breiten Forstweg.

Großostheim

Weingut Höflich

Alte Ziegelei ❶

T-Kreuzung ❸

Golfplatz Rosenhof

Friedens-bank ❹

Reitstall Lindenhof

Höhenberg 224 m ❷

Wendelinus-kapelle

Wendelinus-hof ❺

Dachsberg 231 m

Geo-Naturpark Bergstraße-Odenwald

Dörnberg 251 m

Weinberg Lützeltal ❸

Neuberg 284 m

Weinberg Pitztal ❹

Mömlingen

Königs-wald

Reuschenberg 243 m

Hessen

Roter Busch

Bayern

Eisenbach

Mümling

2

Niedernberg

Sulzbach am Main

Sulzbach

Altenbach

Main

Honischland Beachbar

Seehotel

Silber-see

Niedern-berger See

Blaue Brücke ❶

Golla See

Großwallstadt

Business Sporthotel + Conference

MainAuen Badewelt

469

Anschlussstelle der B469 ❺

Höllensturz ❻

Obernburg am Main

Römerhof

Römermuseum

Mainbrücke ❼

Elsenfeld

St2308

Freizeitbad Elsavamar

STEPMAP® © Stepmap. 123map Daten: OpenStreetMap \ ODbL

Der Weg führt zunächst in einer spitzen Kurve nach links und nach ca. 600 m zu einer ⌂ 🛖 Schutzhütte ❷ mit einem schönen Weitblick in den Spessart auf der anderen Seite des Mains. Direkt hinter der Schutzhütte knickt der Weg nach links ab. Sie folgen ihm bis zu einem Weg mit Grenzsteinen. Nun geht es links bergab und vorbei an einem Kreuz.

Erneut links ab führt der Weg auf einen Schotterabschnitt, der Sie wieder aus dem Wald herausbringt. Sie wandern nun entlang einer Apfelbaumplantage, die zu Ihrer Rechten liegt. Links biegen Sie in eine geteerte Straße ein und folgen ihr bis zu einer Baumreihe, an der Sie wiederum rechts einen Feldweg nehmen. Dieser führt Sie geradewegs auf den Wald zu. Es scheint, als würde der Weg hier nach links abbiegen. Stattdessen laufen Sie jedoch direkt in den Wald hinein. Der Pfad ist zu erkennen, sobald Sie die ersten Schritte auf dem Walduntergrund tun. Nach wenigen Metern biegen Sie auf einen alten Hohlweg ab, der Sie Richtung Osten leitet. Am Waldrand folgen Sie dem Weg wieder nach rechts. Sie stoßen nun auf eine Straße und wenden sich hier erneut rechts. Ein Gedenkstein und ein Kreuz stehen am Waldrand.

Ausblick vom Waldrand

An diesem Gedenkstein führt der Fränkische Rotwein Wanderweg links am Waldrand entlang. An der zweiten Weggabelung geht es rechts bergauf zum Weinberg Lützeltal ❸. Am Eingangstor zur Anlage wacht eine Statue des heiligen Urbanus, des Schutzheiligen der Winzer und Beschützers der Weinberge. Danach gelangen Sie auf einen Rundweg, den Sie in beide Richtungen laufen können. Rechts geht es eine Treppe hinauf. Sie folgen jedoch dem Weg geradeaus und laufen unterhalb der Reben entlang, sodass Sie hinaufschauen müssen, um den Weinberg zu bewundern. Dabei passieren Sie einige Winzerlauben.

Im Weinberg

Nach etwa 600 m gelangen Sie an ein weiteres Tor und laufen hinauf zum oberen Teil der Weinlage. Lauben stehen am Wegesrand. Hier findet auch das Weinberghüttenfest statt, bei dem die Winzer traditionell am vierten Juliwochenende dazu einladen, mitten im Weinberg fränkische Weine und Spezialitäten zu probieren. Am Ende des Weges gehen Sie rechts die Treppe hinab, die Sie zu Beginn gesehen haben, und schließen so den Rundweg. Für einen kurzen Abschnitt überschneidet sich der Weg nun mit

Blick auf Obernburg

dem, von dem Sie gekommen sind. An der Abzweigung halten Sie sich allerdings rechts und folgen so dem Weg weiter in der ursprünglichen Laufrichtung.

An einer Wegkreuzung überqueren Sie die Straße und gelangen hinter eine Kapelle und zu einem Rastplatz. Hier geht der Weg am Waldrand weiter, bis er in eine Asphaltstraße mündet. Nach etwa 50 m biegen Sie links ab und dann gleich nach rechts. Bergauf führt der Weg nun wieder durch den Wald. An der nächsten Wegkreuzung halten Sie sich geradeaus und nicht auf dem Hauptweg, der weiter bergauf verläuft. Sie gelangen nun an einen Weinberg, den Sie umwandern ❹. Sie folgen dem Wegweiser des Fränkischen Rotwein Wanderwegs nach links und bergab.

Unten angekommen gehen Sie nach links und betreten durch das Eingangstor den Weinberg Pitztal. Zwischen den Reben wandern Sie durch den Weinberg hindurch. Bald öffnet sich das Sichtfeld und Sie können den Ausblick auf Obernburg und Elsenfeld genießen. Ein Fotostopp sei hier jedem gegönnt. Wer ein Teleobjektiv eingepackt hat, kann hier schön in die Orte hineinzoomen. Aber auch sich einfach an dem Anblick zu erfreuen, ist erlaubt.

Am Ende des Wegs verlassen Sie den Weinberg durch ein Tor, an dem sich auch ein Informationsschild zum Rebsortenlehrpfad Großwallstadt befindet.

Der Rebsortenlehrpfad Großwallstadt

Winzermeister Klaus Giegerich rief zusammen mit dem Weinbauverein Großwallstadt ein Projekt ins Leben, das allen Weinfreunden und Wanderern einen Überblick über die Rebsorten und die Weine geben soll. Der Lehrpfad befindet sich vor allem im Weinberg Pitztal.

Bergab geht es weiter, bis Sie den Fuß des Hügels erreicht haben. Nach rechts laufen Sie an einer asphaltierten Straße entlang zu einer Anschlussstelle der B469 ❺. Halb rechts gelangen Sie in eine Schutzzone des Naturparks und laufen wieder bergauf. Erneut geht es in den Wald hinein. Sie müssen links eine Abzweigung nehmen, die jedoch leicht zu übersehen ist.

Sie laufen an einer Obstwiese entlang und gelangen bald an einen Hang mit einem steilen Weinberg. Bald erreichen Sie die Ausläufer von Obernburg. Halten Sie sich links und gehen Sie bergab, um zur Ortsmitte zu kommen.

Sie erreichen Obernburg über den Höllenstutz ❻. Aber keine Angst: So heißt nur die Straße! Der Name ist hier nicht Programm.

Dann biegen Sie links in den Pflaumheimer Weg ein, dem Sie bis zu seinem Ende folgen. Er geht für wenige Meter in die Bergstraße über und an ihrem Ende wiederum biegen Sie rechts auf die Jahnstraße, die nach etwa 300 m in die Lindenstraße übergeht. An der dritten Abzweigung biegen Sie links in die Obere Wallstraße ein, um dann an der großen Kreuzung rechts in die Römerstraße zu laufen. Die Römerstraße ist die Hauptverkehrsstraße von Obernburg.

☺   Obwohl die Etappe eigentlich in Elsenfeld endet, empfehle ich, sie in Obernburg zu beenden. Sie können zum Beispiel im 🛏 ✕ Landgasthaus Römerhof unterkommen. In Elsenfeld selbst gibt es kein Hotel. Das nächste liegt in Elsenfeld-Schippach und würde diese Etappe um 9 km verlängern. Außerdem können Sie so die eindrucksvolle, alte Römerstadt auf sich wirken lassen, anstatt sie nur zu durchqueren. Das verkürzt diese Etappe auf 15,8 km und verlängert die 3. Etappe auf 16,7 km.

Obernburg   🛈 🛏 ✕ 🚲 🍺 BANK 🅰 ⌘ ♱ 🚌

🛈   Tourist-Info, Römerstraße 62-64, 63785 Obernburg, ☏ 060 22/61 91 28, ✉ tourismus@obernburg.de, 🖥 www.obernburg.de, 🕐 Mo-Fr 8:00-12:00, Di 14:00-16:00, Do 14:00-18:00, die Tourist-Info befindet sich im Rathaus.

🛏 ✕ Landgasthaus Hotel Römerhof, Römerstraße 83, 63785 Obernburg,
　　　☎ 060 22/615 50, ✎ kontakt@roemerhof.de, 💻 www.roemerhof.de,
　　　ÜF DZ ab € 82, direkt am Weg (bei km 15,8)

⌘　　Römermuseum, Untere Wallstraße 29a, 63785 Obernburg, ☎ 060 22/619 10,
　　　✎ tourismus@obernburg.de, 💻 www.obernburg.de/kultur-geschichte/roemermu-
　　　seum, 🗓 Do-So 14:00-17:00 und nach Voranmeldung

🚆　　Zugverbindung ab Elsenfeld nach Aschaffenburg und Miltenberg (einfach über die
　　　Mainbrücke und schon sind Sie am Bahnhof)

🚌　　Busverbindung Richtung Aschaffenburg und Elsenfeld

Obernburg liegt etwa auf halbem Weg zwischen Aschaffenburg und Miltenberg links des Mains, also auf der Seite des Odenwalds. Bereits um 107 n. Chr. kamen die Römer in diese Gegend. Sie bauten das Kastell Obernburg und nutzten es als Außenposten sowie zur Sicherung der Grenzen des Limes. Mehr dazu können Sie im Römermuseum erfahren.

Erst nach dem Abzug der römischen Truppen um 260 n. Chr. siedelten germanische Stämme in Obernburg, die im Zuge der Völkerwanderung hier vorbeikamen.

Danach war es lange still um den Ort. Erst Ende des 12. Jahrhunderts wurde Obernburg wieder in Schriften erwähnt – damals als Ouerenburch. Am 25. März 1313 wurden Obernburg vom Mainzer Erzbischof Stadtrechte verliehen.

Der Ort blickt also auf eine lange und bewegte Geschichte zurück, die Sie zum Beispiel an den Überresten der Stadtbefestigung nachvollziehen können.

Sie erreichen einen kleinen Brunnen, von dem Sie zur Fußgängerbrücke über den Main ❼ und somit nach Elsenfeld kommen. Auf der anderen Seite angelangt stehen Sie direkt vor dem 🚆 🚌 Bahnhof von Elsenfeld.

Die Gleise unterqueren Sie auf der rechten Seite und gehen anschließend links hinauf. Dann laufen Sie parallel zu den Gleisen und am Bahnhof vorbei. Sie erreichen eine Brücke, die über die Elsava führt, einen Mainzufluss. Auf der anderen Seite wandern Sie den Weg durch Kleingärten bis zur Hauptstraße, der Sie nach links folgen. Dann erreichen Sie eine Straße aus Kopfsteinpflaster und das Ende der Etappe: Das Heimatmuseum ⌘ und die alte ✝ Dorfkirche St. Gertraud von Elsenfeld.

☺ ⇦   Da es in Elsenfeld keine Hotels gibt, ist es das einfachste, drei Stationen mit der Buslinie 60 vom Bahnhof Obernburg-Elsenfeld Westseite zur Haltestelle „Lindenstraße" in Obernburg zurückzufahren. Der Bus fährt morgens ab 06:18 Uhr stündlich, tagsüber halbstündlich und ab 18:45 Uhr stündlich und dann nochmal um 22:30 Uhr und 00:30 Uhr. Von der Haltestelle „Lindenstraße" ist das Landgasthaus Hotel Römerhof nicht mehr weit.

Am Folgetag können Sie die nächste Etappe entweder am Römerhof beginnen oder wieder mit dem Bus zum Bahnhof in Elsenfeld fahren und von dort loslaufen.

Elsenfeld

⌘   Heimatmuseum, Hauptstraße 21, 63820 Elsenfeld, ☎ 060 22/50 94 70, ✉ info@museum-elsenfeld.de, 🖥 www.museum-elsenfeld.de, 🕐 je nach Aktion und Vereinbarung (das Museum veranstaltet Aktionen wie die Museumsnacht, in deren Rahmen es öffnet)

〰   Freizeitbad Elsavamar, Dammsfelderstr. 13, 63820 Elsenfeld, ☎ 060 22/64 97 12, ✉ rathaus@elsenfeld.de, 🖥 www.elsavamar.de, 🕐 Hallenbad Mo-Fr 7:00-8:00, Mo und Do 18:00-23:00, Di 16:00-20:30, Mi 16:00-23:00, Fr 14:30-23:00, Sa 8:00-23:00, So 8:00-22:00, Sauna Mo 13:00-23:00, Di-Fr 10:00-23:00, Sa 8:00-23:00, So 8:00-22:00, für Ferien- und Schließzeiten bitte die Webseite prüfen

🚂   Zugverbindung Richtung Aschaffenburg und Miltenberg

🚌   Busverbindung Richtung Aschaffenburg (über Obernburg) und Miltenberg

Elsenfeld liegt am Ufer der Elsava, einem etwa 25 km langem Zufluss des Mains. Reizvoll in den Spessart eingebettet lebt der Ort durch eine Kombination aus Kultur, Freizeit und Genuss. Dazu trägt unter anderem der Fränkische Rotwein Wanderweg bei, aber auch die Weinkultur mit den Lagen des Rücker Schalks, des Johannisbergs und des Jesuitenbergs an sich sind hier von größter Bedeutung. Im Heimatmuseum können Sie Funde aus 7.500 Jahren Siedlungsgeschichte bestaunen. Elsavapark sowie Elsavabad bieten Sport-, Freizeit- und Erholungsmöglichkeiten.

☺   Wer seinen Gliedern nach den ersten beiden Etappen etwas Entspannung gönnen möchte, kann dies im Elsavamar tun – einer Wellnessoase mit Schwimmbad und Sauna im römischen Ambiente.

3. Etappe: Elsenfeld – Erlenbach

↻ *15,1 km,* ⏳ *4 Std.,* ↑ *260 m,* ↓ *250 m,* ⇧ *120-230 m*

0,0 km	⇧ 120 m	Elsenfeld ✗ 🍴 🏛 [BANK] 🛗 ⌘ ✝ ⛱ 🚂 🚌
1,4 km	⇧ 150 m	Robert-Hofmann-Blick ⬜ 🏠
1,7 km	⇧ 150 m	Schützenhaus Diana bei Josef ✗
5,0 km	⇧ 185 m	Weinanlage Jesuitenberg
6,8 km	⇧ 150 m	Kloster Himmelthal ✝ (🍷)
8,6 km	⇧ 150 m	Grüner Hahn 🛏 ✗
8,9 km	⇧ 150 m	Pfarrkirche St. Antonius ✝ ⛩ 🏠
15,1 km	⇧ 130 m	Erlenbach 🔲 🛏 ✗ 🍴 🍷 🏛 [BANK] 🛗 ✝ ⛱ 🚌

Die 3. Etappe führt von Elsenfeld nach Erlenbach. Sobald Sie den Ort hinter sich gelassen haben, geht es in den Wald hinein. Am Schützenhaus Diana bei Josef biegt der Weg nach links ab und folgt der Grenze zwischen Feld und Wald. Bald erreichen Sie die Weinlage Rücker Schalk, die zu Ihrer Rechten liegt. Über den Weinberg geht es hinab ins Tal in Richtung der Dörfer Schippach und Rück. Am Fuße des Jesuitenberges folgen Sie dem Weg, bis Sie die Dächer von Rück erblicken. Die Wanderung führt Sie jedoch nicht in den Ort, sondern nur daran vorbei. Bald werden Ihnen die ersten Wegweiser mit einem Regenbogen auffallen – sie weisen auf den Rück-Besinnungsweg hin. Dieser überschneidet sich nun für einige Kilometer mit dem Fränkischen Rotwein Wanderweg. Die Schilder führen Sie durch das Kloster Himmelthal hindurch und dann zwischen Elsava und der Klostermauer entlang. Nach einer Rechtsbiegung überqueren Sie die Straße und laufen dann wieder in den Wald hinein. Nach dem Ende des Waldes befinden Sie sich in Schippach. Der alte Ortskern mit dem schönen Kirchturm bietet Abwechslung zu den Weinbergen, Wäldern und Feldern. Im Endspurt geht es nochmal bergauf und so eröffnet sich der Blick auf den bereits zurückgelegten Abschnitt und den Weinberg Rücker Schalk. Durch den Wald führt der Weg nach Erlenbach.

An der alten ✝ Dorfkirche St. Gertraud von Elsenfeld beginnt die heutige Etappe. Folgen Sie der Pfarrer-Rudolph-Straße und umrunden Sie die Kirche. Danach biegen Sie rechts in die Marienstraße und dann links in die Rücker Straße ein. Diese geht nach rechts ab, aber sie folgen der Straße geradeaus, die ab jetzt Friedhofstraße heißt. Wandern Sie nun immer geradeaus, bis Sie das Ortsende erreichen. Auf dem Weg werden Sie von mehreren Stationen einer Via Crucis, einem Kreuzweg, begleitet. An den kreativ gestalteten Stationen sollen Sprüche zum Nachdenken anregen. So zum Beispiel dieser hier:

„Aus dieser Zuversicht heraus dürfen wir MUTMACHER sein. Denn gerade in der heutigen Zeit, wo vieles zusammenzubrechen droht, gilt... MUT TUT GUT!"

Sie gelangen an einen Kreisverkehr, nachdem die Straße wieder ihren Name geändert hat. Sie heißt nun Eichelsbacher Weg. Von hier können Sie bereits ein Feld und dahinter den Waldrand sehen. Überqueren Sie den Kreisverkehr und laufen Sie auf den Wald zu. Auch wenn Sie den Pfad in den Wald hinein noch nicht erblicken, so wartet er dennoch. Direkt am Waldrand gelegen ist er das Tor zum Dickicht.

Sogleich gelangen Sie an eine ⌂ Wanderhütte – den Robert-Hofmann-Blick ❶, wie eine Schrift über dem Eingang aufklärt. Laufen Sie nun nach rechts und durch den Wald, bis Sie das ✗ Schützenhaus ❷ erreichen.

Robert-Hofmann-Blick

✕   Schützenhaus Diana bei Josef, Schützenhausstraße 1, 63820 Elsenfeld,
☎ 060 22/16 52, ✎ team@josefs.eu, 🖥 www.josefs.eu, 🕐 Di-Fr 15:00-22:00, Sa,
So und Fei 12:00-22:00, Mo Ruhetag (außer an Feiertagen)

Vor dem Schützenhaus führt der Weg nach links und vorbei an der ehemaligen Gaststätte Fuchsbau, die mittlerweile jedoch geschlossen wurde.
Über eine Obstwiese laufen Sie wieder am Waldrand entlang, bis Sie ein
Wegekreuz erreichen. Nun wandern Sie halb links den Hügel hinauf. Ein
Metalltor markiert den Beginn des Weinberges, der sich zu Ihrer Rechten
erstreckt, während links ein überdachtes Holzfass ❸ in Gartenhausgröße
aufgestellt ist. Sie betreten nun den Rücker Schalk mit seinem charakter-
vollen Buntsandsteinboden. Hier wachsen Müller-Thurgau, Silvaner, Ries-
ling, Spätburgunder, Domina und Dornfelder. Dort herrscht ein sehr warmes Mikroklima, sodass sie jährlich Trauben und damit auch Weine von
sehr hoher Güte liefert.

An der nächsten Abzweigung halten Sie sich links, um weiter am Waldrand entlangzulaufen. Langsam erscheinen die Dörfer Schippach und Rück
sowie die Weinlagen Johannis- und Jesuitenberg im Sichtfeld. Sobald der
höchste Punkt erreicht ist und die Reben rechts von Ihnen den ganzen Berg

Positive Gedanken zum Mitnehmen

bis ins Tal bedecken,
geht es plötzlich lang-
sam, aber sicher bergab.
Die Rebstöcke gedeihen
entlang des Wegs. Links
haltend gelangen Sie
wieder in den Wald
hinein und lassen den
Weinberg scheinbar hin-
ter sich. Am kommenden
Wegedreieck halten Sie
sich jedoch rechts und
betreten erneut den
Weinberg.

Am Fuße des Berges angekommen steht eine Garage. An dieser Stelle
warten manchmal kleine Boxen, die mit selbst gebastelten Karten gefüllt
sind. Mit positiven Gedanken sollen sie ein Lächeln auf die Lippen von
Wanderern und Spaziergängern zaubern. Bei meiner Wanderung habe ich

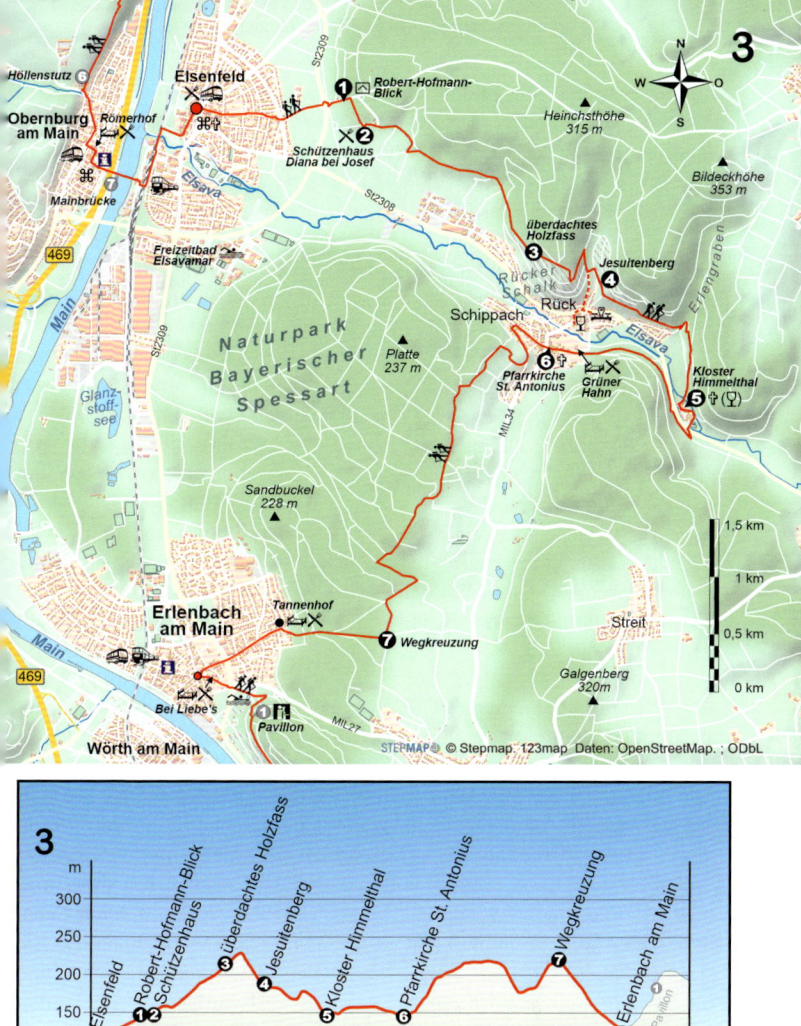

zum Beispiel eine mit grünen Blättern verzierte Karte mit einem Strichmännchen vorgefunden, das ein rotes Herz trägt und verkündet: „Um glücklich zu sein brauchen wir... Ziele, Hoffnung, Liebe." Eine andere Karte mit einem selbst skizzierten Löwen mit buschiger Mähne proklamiert: „Mutausbruch!" Wer will, darf sich eine Karte mitnehmen – kostenfrei. Vielleicht haben Sie ja Glück und auch auf Sie wartet ein Kärtchen voll positiver Energie.

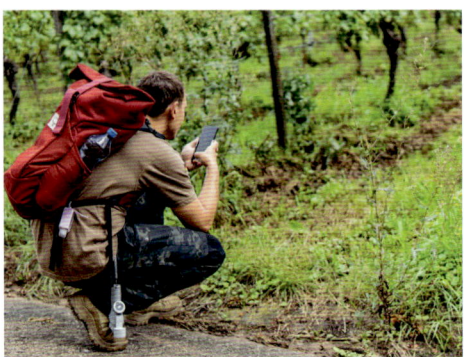

Fotostopp am Jesuitenberg

Links an der Garage vorbei geht es nur ein kurzes Stück geradeaus, bis Sie auf zwei Rechtsabbiegungen stoßen. Sie überqueren den Bach Reichhartsklinge und wählen die zweite Abbiegung, die am Fuße des Jesuitenbergs ❹ am Weinberg entlangführt.

🖐   Wer eine besondere Gelegenheit zum Einkehren sucht, sollte hier nun einen kleinen Umweg über das Örtchen Rück einplanen. Anstatt an den Garagen nach links abzubiegen, laufen Sie geradeaus den Weinbergsweg entlang, bis Sie die Hauptstraße von Rück erreichen – die Elsavatalstraße. Biegen Sie dann rechts und nach nicht einmal 100 m nach links in die Schippacher Straße ab. Nach noch einmal etwa 100 m erreichen Sie das ⚲ Schalkhaus, ein von Winzern des Rücker Schalk betriebenes Weinlokal, das die Weinbauern Jürgen und Marion Hefner als Wohlfühlort, zum Genießen und zur Kommunikation im Jahre 2009 etabliert haben.

⚲   Schalkhaus, Schippacher Straße 11, 63820 Elsenfeld, ☎ 060 22/508 38 77, ✉ info@schalkhaus.de, 🖥 www.schalkhaus.de, 🗓 bitte auf der Website prüfen, da das Weinlokal nur ca. 2,5 Wochen pro Monat öffnet

☺   Wer schon in Rück ist, sollte auch einen Abstecher zum 🛝 ✕ Unser Dorfladen auf die To-do-Liste schreiben. Er wurde 2013 eröffnet und wurde noch vor seinem 5. Geburtstag mit dem Fairtrade-Siegel „fair und regional" ausgezeichnet. Hier gibt es einen kleinen Supermarkt, Kaffee und Kuchen, heiße Theke und Getränke sowie einen Biergarten auf dem Dorfplatz. Es ist ein gemütlicher Ort und gleichzeitig Treffpunkt für Jung und Alt, der durch das ehrenamtliche Engagement vieler Bürger von Elsenfeld getragen wird. Dafür gehen Sie einfach vom Weinbergsweg kommend an der Elsavatalstraße nach links.

✕ 🏛 Unser Dorfladen, Elsavatalstraße 76, 63820 Elsenfeld, ☎ 060 22/710 24 54,
　　✉ post@dorfladen-rs.de, 🖳 www.unser-dorfladen-rueck-schippach.de,
　　🕘 Mo-Fr 6:30-18:30, Sa 7:00-13:00

　　Am Ende des Weinbergs schlängelt sich ein Pfad am Rande des Ortes Rück durch lichtes Gehölz. Sie überqueren den Bach Erlengraben und wandern rechts weiter. Dann erreichen Sie die 5. Station des Rück-Besinnungswegs. Diese dreht sich um das Thema Achtsamkeit und ist mit dem Flurdenkmal „Wennelsbild" markiert.

Der Rück-Besinnungsweg
Sieben wichtige Werte sollen auf dem im Oktober 2015 eröffneten, etwa 6 km langen Rück-Besinnungsweg vorgestellt werden. Die Werte werden an entsprechenden Stationen durch Texte und Kunstwerke in den Mittelpunkt der Aufmerksamkeit gerückt, indem sie am Rande des Wanderwegs so platziert sind, dass sie kaum übersehen werden können. Die Wanderer werden zum Innehalten eingeladen, zum Nachdenken und Reflektieren. Dazu warten Ruhebänke an jeder Station.

　　Kurz darauf überqueren Sie den Fluss Elsava, der Ihnen bereits auf der 2. Etappe begegnet ist. Schon stehen Sie vor den Toren des ✝ (♀) Klosters Himmelthal ❺.

✝ Das Kloster Himmelthal –
mittelalterliches Frauenkloster vs. moderne Bildungsstätte
Eines der kulturellen Highlights auf dem Fränkischen Rotwein Wanderweg ist das Kloster Himmelthal. Es wurde 1232 vom Grafenpaar Rieneck, die unweit ihr Schloss hatten, als Grablege gebaut. Es stand unter dem Schutz des Zisterzienserordens und war ein reines Frauenkloster. Nach der

Am Kloster Himmelthal

Reformation und in den folgenden Aufständen sowie Kriegen erlitt das Kloster großen Schaden. Es wurde jedoch in der Folge von den Jesuiten, die sich nach 1612 in Aschaffenburg niedergelassen hatten, neu errichtet. Bis heute hat sich seit diesem Neubau nicht viel geändert, sodass Besucher es in dieser Form bewundern können. Der Jesuitenorden wurde 1773 aufgelöst und all seine Ländereien gingen an den Gymnasiumfond Aschaffenburg. Heute wird das Kloster vom Stiftungsamt verwaltet. Die Klosterkirche verfügt über eine außergewöhnliche Raumakustik, weswegen es seit mehr als 30 Jahren der Ort der Himmelthaler Sommerkonzerte ist. Die Veranstaltung zieht Besucher aus der Umgebung sowie aus ganz Deutschland an. In den Räumen, in denen sich früher das Kloster befunden hat, sind heute zwei Bildungseinrichtungen untergebracht. Die gemeinnützige BBS Himmelthal ist eine berufsbildende Ausbildungsstätte, die Jugendliche und junge Erwachsene in Schule, Ausbildung, Beruf und selbstbestimmter Lebensführung fördert. Auf der anderen Seite wird das Gelände auch von der Elsava-Schule genutzt. Diese ist eine heilpädagogische Tagesstätte. Zudem gibt es in den Klosterräumlichkeiten eine Weinprobierstube, in der Elsenfeld zusammen mit dem Weinbauverein Rück einmal pro Monat Weinproben veranstaltet.

◆   Klosterkirche Himmelthal (einschließlich Weinproben), für Besichtigungen ist eine
      Voranmeldung nötig: Marga Hartig, Kirchgasse 14, ☎ 060 22/62 33 97,
      🖳 www.elsenfeld.de/kultur-tourismus/kloster-himmelthal, 🛏 bitte auf der angegebe-
      nen Website oder telefonisch prüfen

Wenden Sie sich nach links, wenn Sie das Gelände des Klosters betreten haben. Vorbei an einer weiteren, der vierten, Station des Rück-Besinnungswegs folgen Sie dem Kopfsteinpflaster nach links, bis Sie an ein kleines Tor in der Klostermauer gelangen. Dadurch verlassen Sie das Klostergelände wieder und laufen auf einem Weg zwischen den Klostermauern und der Elsava weiter. An dieser Stelle überschneidet sich der Fränkische Rotwein Wanderweg nicht nur mit dem Rück-Besinnungsweg, sondern auch mit dem Europäischen Kulturweg und dem Fränkischen Marienweg.

Der Fränkische Marienweg – „Frankenland – Marienland"

Bereits der Würzburger Bischof und spätere Kardinal Julius Döpfner hat gerne den Ausdruck „Frankenland – Marienland" benutzt. Denn in ganz Franken hat die Marienverehrung einen besonderen Stellenwert. Davon zeugen zahlreiche Madonnenstatuen und -malereien an Hauswänden, Bildstöcke an Wanderwegen, Grotten und Kapellen. Zudem gibt es viele Marienwallfahrtsorte in der Region wie zum Beispiel Mariabuchen bei Lohr am Main und Hessenthal bei Mespelbrunn in Churfranken. Daher wurde der Fränkische Marienweg im Jahr 2002 angelegt, der 87 dieser Wallfahrtsorte berührt. Start und Ziel liegen in Würzburg. Der Fernwanderweg ist rund 1.920 km lang und führt durch Unterfranken, Oberfranken und Mittelfranken. Seine Markierung zeigt Maria in rotem Gewand mit dem Jesuskind in blauem Wickeltuch.

Sobald Sie die kleine Brücke über die Elsava erreichen, zeigen Ihnen die Schilder an, dass es in beide Richtungen weitergeht. Sie können die Brücke nach links für ein paar Fotos überqueren. Der Wanderweg selbst biegt jedoch nach rechts ab und folgt der Klostermauer bis zu einer Landstraße. Auf der anderen Seite der Straße folgen Sie einem kleinen Weg, der Sie auf einen breiteren Fußgänger- und Radweg bringt, auf den Sie nach rechts einbiegen.

Sie laufen nun auf den Wald zu und dann am Waldrand entlang. Wenn Sie aus dem Wald hinaus sind, geht es über eine Wiese in Richtung des 🛏
✕ Landhauses Grüner Hahn, der bereits am Ortsrand von Schippach liegt.

🛏 ✕ Landgasthof Grüner Hahn, St.-Pius-Straße 21, 63820 Rück/Schippach,
☎ 060 22/508 94 85, ✉ info@gruener-hahn.de, 🖥 www.gruener-hahn.com,
🕐 Mo, Do, Fr 12:00-14:00 und 17:00-21:00, Sa und So durchgehend warme Küche
ab 11:30, direkt am Weg (bei km 8,6)

Nun müssen Sie nur noch geradeaus laufen, um in die Ortsmitte zu gelangen. Die Turmspitze der ✝ Pfarrkirche St. Antonius ➏ ist bereits von Weitem zu sehen. Imposant überragt die Zwiebelkuppel mit dem Wetterhahn die Dächer des Dorfes.

Sie wandern an der Kirche vorbei geradeaus in die Waldstraße, von der Sie in den Armbergsweg abbiegen. Es geht nun bergauf und mit jedem Meter wird die Sicht auf die zuvor zurückgelegte Strecke in der Weinlage Rücker Schalk besser. Der Wanderweg, der sich durch den Weinberg zieht, ist gut in der Ferne erkennbar.

Blick über Rück-Schippach und den Rücker Schalk

Nach einer Rechts- und einer anschließenden, kleineren Linkskurve befinden Sie sich wieder am Waldrand. Nun lassen Sie Schippach hinter sich und gehen links über die Flurstücke Platte, Heg und Sohl. Hier eröffnet sich der Blick auf den Spessart. Nach Ende des dritten Gewanns geht es tiefer in den Wald hinein. Nun verläuft der Weg relativ steil nach unten. Im Tal angekommen folgen Sie dem Weg über den Wittersbach.

Der Pfad geht in einen breiteren Weg über, dem Sie nach links folgen. Sie gelangen wieder an den Waldrand und laufen durch eine Rechtskurve, nach der es bergauf geht. Mit links Feldern und rechts dem Wald wandern Sie weiter und kommen Ihrem Ziel immer näher. An der nächsten Wegekreuzung ❼ auf der Anhöhe halten Sie sich rechts und wandern bergab bis in den Ort Erlenbach.

Sie erreichen die Straße Am Stadtwald, an der Sie links in den Seeweg abbiegen. Über eine Kreuzung geht es nun geradeaus in die Stadtmitte, dem Ziel der Etappe.

Erlenbach

🛈	Tourist-Information, Bahnstraße 26, 63906 Erlenbach, ☎ 093 72/704 44,
	✉ tourismus@stadt-erlenbach.de,
	💻 http://www.stadt-erlenbach.de/kultur-tourismus, 🕐 Mo-Fr 9:00-12:00
🛏✕	Hotel Tannenhof, Am Stadtwald 66, 63906 Erlenbach, ☎ 093 72/945 40,
	✉ info@hotel-tannenhof.net, 💻 www.hotel-tannenhof.net, ÜF DZ ab € 78, direkt am Weg (bei km 14,3)
♦	Bei Liebe's, Hotel garni, Mechenharder Straße 5, 63906 Erlenbach,
	☎ 093 72/945 40, ✉ post@bei-liebes.de, 💻 www.bei-liebes.de, ÜF DZ ab € 84, direkt am Ende der 3. Etappe
🏊	Bergschwimmbad Erlenbach, Mechenharder Straße, 63906 Erlenbach,
	☎ 093 72/94 42 56, ✉ bergschwimmbad@stadt-erlenbach.de,
	💻 www.stadt-erlenbach.de/vereine-freizeit/bergschwimmbad, 🕐 während der Badesaison Mi-Mo 9:00-21:00 und Di 7:00-21:00
🚌	Busverbindung Richtung Aschaffenburg und Elsenfeld
🚆	Zugverbindungen Richtung Miltenberg und Aschaffenburg

In Erlenbach beginnen die einzigartigen Steillagen, die so charakteristisch für Churfranken sind. Daher wird der Ort auch als Tor zu den Weinterrassen bezeichnet. Hier beginnt der Panoramaweg durch die historischen Buntsandsteinterrassen. Es warten außerdem der Churfranken-Kräutergarten, Picknickplattformen und der Churfrankensteig. Das alles mit Blick ins idyllische Maintal. Es wird schnell klar: Erlenbach ist stolz auf seine Weinkultur und die herrliche Lage, die dazu einlädt, sich einfach wohlzufühlen.

4. Etappe: Erlenbach – Klingenberg

➲ *4,1 km,* ⧗ *1 Std. 10 Min.,* ↑ *100 m,* ↓ *80 m,* ⇧ *130-210 m*

0,0 km	⇧ 130 m	Erlenbach ▯ ⇆ ✕ ☕ ⛲ 🛒 🏦 🏃 ♦ ⛴ 🚐 🚍
0,9 km	⇧ 185 m	Pavillon 🏠
1,5 km	⇧ 200 m	terroir f Churfranken Erlenbach ⛲ 🏠 ⏚
2,0 km	⇧ 190 m	Kräutergarten
4,1 km	⇧ 153 m	Klingenberg ▯ ⇆ ✕ ☕ ⛲ 🎺 ⛩ 🏦 🏃 ⌘ ❀ ⛲ ♦ ❯ 🚐 🚍

Die 4. Etappe von Erlenbach nach Klingenberg wird von vielen als die schönste von allen betrachtet. Nach einem kurzen Stück durch Erlenbach und am Schwimmbad vorbei geht es in den Wald. Bald schon kommt ein kurzer Aufstieg, der Sie jedoch mit einem herrlichen Blick auf Erlenbach belohnt. Nicht umsonst ist dieser Abschnitt so beliebt: Es folgt nämlich ein Panoramaweg durch die Weinberge und mit Blick ins Tal, wo der Main majestätisch in seinem Bett liegt. Vorbei an den beiden Aussichtspunkten terroir f Churfranken und am Kräutergarten nähern Sie sich Klingenberg. Die Etappe ist kurz, sodass Sie sich Zeit zum Genießen nehmen können. In Klingenberg angekommen können Sie noch Abstecher zur Seltenbachschlucht oder zur Clingenburg machen. Die Etappe endet, wenn Sie die Altstadt durchquert haben.

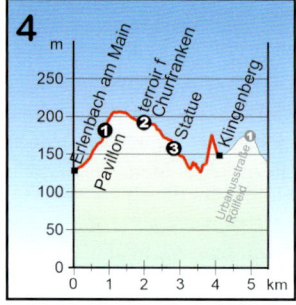

Los geht's an einer kleinen Grünanlage mit ⏚ Sitzbänken, die teilweise um die Bäume herumgebaut wurden, an der Sie nach links in die Mechenharder Straße abbiegen. Ein Friedhof für Kriegsgefallene erinnert an die Opfer der Jahre 1939 bis 1945. Überqueren Sie die Miltenberger Straße, von wo Sie bereits das Schwimmbad von Erlenbach und den kleinen gelben Pavillon darüber in den Hängen erkennen können. Am Schwimmbad erwartet Sie ein großes Hinweisschild, das tagesaktuell über die jeweiligen Häckerwirtschaften informiert, bei denen Sie einkehren können. Außerdem finden Sie hier Informationen zu Erlenbach, dem Weinanbau in der Region und den terroir-f-Churfranken-Punkten, über die Sie im weiteren Verlauf der Etappe mehr erfahren werden.

Wenn Sie das  Schwimmbad passiert haben, halten Sie sich rechts auf einem kleinen Pfad, bis Sie auf der linken Seite eine kleine Treppe sehen. Diese führt zu einem Pavillon ❶, der Ihnen einen schönen Blick auf Erlenbach und Wörth gewährt, das auf der anderen Seite des Mains liegt.

Hinter dem Pavillon geht es über eine Treppe weiter bergauf. Sie erreichen einen Wirtschaftsweg und biegen nach rechts auf ihn ein. Das Hohbergkreuz thront zu Ihrer Linken.

Hohbergkreuz

Das Hohbergkreuz wurde 1922 von der Gemeinde Erlenbach und der Pfarrei St. Peter und Paul zum Gedenken an den 1919 verstorbenen ehemaligen Forstmeister erbaut. Es ist aus Eichenholz und misst 6,5 m in der Höhe sowie 3,4 m in der Breite. 2004 wurde es restauriert. Wer hier ablegen möchte, was einen belastet, kann dies in der Form eines Steines unterhalb des Kreuzes tun.

Dann begrüßen Sie die Schemen einer Weinkönigin im Weinberg. Die Beschriftung besagt, dass Erlenbach das Tor zu den Weinterrassen sei. Ein Blick schräg zurück zeigt nochmals Erlenbach und Wörth am anderen Ufer. Nun beginnt der Panoramaweg. Während der kommenden knapp 3 km können Sie unter sich die Weinberge verschiedener Winzer bestaunen. Darunter fließt majestätisch der Main. Zu Ihrer Linken wechseln sich

Weinterrassen mit wilden Parzellen ab, die unter anderem auch gezielt für Wildblumen stehen gelassen werden, um Bienen und anderen nützlichen Insekten ein Zuhause zu bieten.

Nach wenigen 100 m gelangen Sie an den ersten 🏠 terroir-f-Churfranken-Punkt. Er gehört zu Erlenbach. Die gelbe Aussichtsplattform lässt Sie leichter in beide Richtungen blicken – nach rechts Richtung Erlenbach, Wörth und das ⌘ Schifffahrtsmuseum bzw. nach links Richtung Klingenberg.

Der terroir-f-Churfranken-Punkt in Erlenbach

⌘ Schifffahrts- und Schiffbaumuseum Wörth am Main

Das Museum ist von überregionaler Bedeutung und dokumentiert die historische Entwicklung der Schifffahrt. Dies gilt vor allem für die Gegend des Untermains. Das Museum ist vom Panoramaweg des Fränkischen Rotwein Wanderwegs gut durch den Schiffsmast mit seinem Ausguck und mehreren Flaggen zu erkennen, der auf einem Platz vor dem Museum steht.

Für weitere Informationen: 💻 www.schifffahrtsmuseum-woerth.de

Am Äußeren der Konstruktion findet sich ein Bildschirm, auf dem Sie Informationen zum Weinbau auf interaktive Weise einholen können. Gegenüber wartet an Wochenenden und Feiertagen in einem weiteren flachen ⚲ Bau ein kleines Getränkeangebot. So können Sie den Ausblick mit einem lokalen Wein genießen.

Terroir f Churfranken

Terroir ist Französisch und bedeutet eigentlich schlicht „Gegend". In der Weinwelt hingegen umfasst die Bedeutung des Begriffes weit mehr. Er wird von Winzern, Händlern und im Weinmarketing verwendet, um die Gesamtheit der Umgebung zu beschreiben, in der ein Wein entsteht. Diese umfasst alles, vom Boden über das Weinanbaugebiet bis hin zum Klima. Das Wort *terroir* steht also für alles, was den Wein am Ende zu dem macht, was er ist. Das f in terroir f steht für Franken bzw. den Frankenwein. An bisher dreizehn Orten mit außergewöhnlichen Aussichten auf die Weinberge wurden solche terroir-f-Punkte eingerichtet, an denen Sie sich über den Weinbau informieren und zur Ruhe kommen können. Zwei von ihnen liegen auf dieser Etappe des Fränkischen Rotwein Wanderwegs – einer gehört zu Erlenbach, der andere zu Klingenberg.

Je weiter Sie wandern, desto besser wird der Blick auf Klingenberg mit seiner malerischen Altstadt und den sonnenverwöhnten Weinterrassen, die von der Clingenburg überragt werden. Wer sich für heimische Kräuter interessiert, sollte den kleinen Umweg über den Churfranken-Kräutergarten machen.

Churfranken-Kräutergarten

In Zusammenarbeit der Stadt Erlenbach, Sponsoren und einem Kräuterexperten wurde der Churfranken-Kräutergarten angelegt. Auf diesen sechs Gewannen des Erlenbacher Hochbergs ist Naschen ausdrücklich erlaubt. Gewanne sind waagerechte Abschnitte mit Reben, die in einem steilen Weinberg angelegt wurden und von Weinbergsmauern umgeben sind.

Hintergrund für die Einrichtung des Kräutergartens ist die Tatsache, dass es in ähnlichen Einrichtungen oft Verbotsschilder gibt. Nicht aber im Churfranken-Kräutergarten, wo sich die Besucher am Blühen der Kräuter erfreuen, den Duft schnuppern und durchaus auch in haushaltsüblichen Mengen ernten sollen.

Wer schwindelfrei ist, kann von hier auch auf den Churfrankensteig wandern. Dieser beinhaltet zwei Kletterpassagen: Eine in horizontaler Ausrichtung im Bereich des alten Steinbruchs und eine weitere in vertikaler Ausrichtung, die bis zur obersten Terrasse führt. Der Klettersteig ist etwa 400 m lang, wovon ca. 70 m eine Seilsicherung haben. Begehen auf eigene Gefahr und nur für Geübte mit Klettersteigausrüstung.

Nun erstrecken sich die Weinberge auch zu Ihrer Linken. Schon erreichen Sie den zweiten terroir-f-Churfranken-Punkt ❷, der zu Klingenberg gehört. Dieser ist rot. Auch wenn Sie hier kein Ausschank erwartet, steht dieser Aussichtspunkt dem anderen in nichts nach. Denn hier warten Bänke zum Ausruhen, ein ⛩ Picknicktisch, der zu einer Pause einlädt und ein ganz besonderer Fotospot. Denn hier sind Sie weiter oben zwischen den Reben und können wunderschön zwischen den Blättern oder Trauben – je nach Saison – hindurch ins Tal fotografieren.

Auf dem letzten Teil des Panoramawegs ist der Weg gesäumt mit Mandelbäumen. Das macht ihn besonders im Frühling – wie in den Reise-Infos

Die Weinterrassen auf dem Panoramaweg

beschrieben – zu einem farbenprächtigen Erlebnis. Zwischen den Reben in den denkmalgeschützten Terrassen aus Buntsandstein wachsen seltene Farne, Blumen und Kräuter. Am Ende des Panoramawegs wacht eine Statue ❸ des Schutzpatrons der Winzer, des heiligen Urbanus, über die Weinberge. Dann ist der Ortsrand von Klingenberg erreicht.

Sobald Sie am Ende der Straße angelangt sind, biegen Sie scharf rechts ab auf die Bergwerkstraße.

✠ Alternative: ⊛ Seltenbachschlucht

Für einen Abstecher zu einem der 100 schönsten Geotope Bayerns sollten Sie nun in die erste Straße auf der linken Seite einbiegen. Hier kommen Sie nämlich zur Seltenbachschlucht – einem Ort, an dem die Gesteinen Ihnen 250 Millionen Jahre Erdgeschichte präsentieren. Denn Starkregen und Flutwellen, die vor Jahrmillionen im heutigen Spessart tobten, haben ihre Spuren hinterlassen. Die Schlucht ist heute ein beliebtes Ausflugsziel für Einheimische wie Touristen, vor allem im Sommer, wenn es hier kühl ist, während es in der Stadt heiß ist. Der Wanderweg durch die ca. 1,5 km lange Seltenbachschlucht ist kein Rundweg. Sie folgen dem Seltenbach und müssen entweder auf gleichem Weg wieder zurück zur Bergwerkstraße oder alternativ im großen Bogen – zum Beispiel über den 8 km langen Kulturwanderweg Vom Ton, Steinen und Scherben – zurück nach Klingenberg.

✠ Alternative: ♜ Clingenburg

Alternativ können Sie am Ortseingang von Klingenberg nach links den Berg hinaufgehen anstatt in die Bergwerkstraße nach rechts. Auf der rechten Seite erreichen Sie bald einen Abzweig in die Clingenburgstraße. Durch den Wald geht es nun über Serpentinen bis zur Ruine, von der Sie einen herrlichen Blick ins Maintal haben. Über den Burgweg kommen Sie dann ins Tal und zum Johannesweg.

Im Tal angekommen führt der Fränkische Rotwein Wanderweg nach links auf die Rathausstraße, der Sie folgen, bis die Straße einen Knick nach rechts macht.

✠   An diesem Abzweig gelangen Sie, wenn Sie der Rathausstraße weiter folgen. zur Mainbrücke. Auf der anderen Seite der Brücke befinden sich der Klingenberger Bahnhof und das ⇦ ✕ Hotel Straubs Schöne Aussicht.

Die über Klingenberg thronende Clingenburg

Sie halten sich jedoch links und laufen in die verkehrsberuhigte Hauptstraße, die Sie in die Altstadt von Klingenberg bringt.

☺ Verpassen Sie nicht das ⚖ Alte Gewürzamt des ehemaligen Sternekochs Ingo Holland!

Der Rotwein Wanderweg führt Sie durch die Altstadt und wieder auf die Hauptstraße, bis Sie das Stadttor erreichen. Am ⌘ Heimatmuseum nehmen Sie linker Hand die Treppe hinauf zum Burgweg. Nach rechts gehend stoßen Sie nun wieder auf Weinterrassen und das offizielle Etappenende.

Die nächste Unterkunft liegt entweder auf der anderen Mainseite (⇆ ✗ Hotel Straubs Schöne Aussicht) oder direkt am Weg bei km 1,6 der 5. Etappe (⇆ ✗ Katharinenhof). In der Altstadt von Klingenberg gibt es keine Hotels.

Klingenberg   🛈 🛏 ✕ 🍴 🍷 🏛 🚏 🏧 🏪 ⌘ ⊕ ♜ ⛪ ❯ 🚌 🚃

🛈   Tourist-Information, Hauptstraße 26, 63911 Klingenberg am Main, ☎ 093 72/133 60,
     📧 info@klingenberg.de, 🖥 www.stadt-klingenberg.de, ⏱ Mo-Fr 9:00-12:00

🛏 ✕ Hotel Katharinenhof, Langgasse 35, 63911 Klingenberg-Röllfeld, ☎ 093 72/998 90,
     📧 info@katharinenhof-klingenberg.de, 🖥 www.katharinenhof-klingenberg.de,
     ÜF DZ ab € 108, direkt am Weg (bei km 1,6 der 5. Etappe)

♦   Hotel Straubs Schöne Aussicht, Bahnhofstraße 18/20, 63911 Klingenberg,
     ☎ 093 72/93 03 00, 📧 info@straubs-schoene-aussicht.de,
     🖥 www.straubs-schoene-aussicht.de, ÜF DZ ab € 110, 450 m von km 3,3 entfernt
     bzw. 850 m vom Ende der 4. Etappe

🚏   Altes Gewürzamt, In der Altstadt 7, 63911 Klingenberg, ☎ 0 93 72/94 81 09-12,
     📧 info@altesgewuerzamt.de, 🖥 www.altesgewuerzamt.de, ⏱ Mo-Fr 9:00-13:00
     und 14:00-18:00, Sa 9:00-14:00

⌘   Weinbau- und Heimatmuseum, Wilhelmstraße 13a, 63911 Klingenberg am Main,
     ☎ 093 72/133 51, 📧 info@klingenberg.de 🖥 www.klingenberg.de, ⏱ nach Verein-
     barung

♜ ✕ Clingenburg, Clingenburgstraße 5, 63911 Klingenberg, ☎ 093 72/25 94,
     📧 info@burgterrasse.de, 🖥 www.burgterrasse.de, ⏱ Mo und Di Ruhetag, Mi und
     Do 16:00-21:00, Fr-So 12:00-21:00

🚌   Busverbindung Richtung Aschaffenburg und Elsenfeld

🚃   Zugverbindung Richtung Aschaffenburg und Miltenberg

    Klingenberg ist bekannt für seine historische Altstadt, die ein wahres Highlight auf dem Fränkischen Rotwein Wanderweg ist. Daher wäre es viel zu schade, sie einfach zu durchqueren. Hier warten malerische Fachwerkhäuser aus dem 16. und 17. Jahrhundert darauf erkundet zu werden. So zum Beispiel das Alte Rathaus aus dem Jahr 1561, das als eines der schönsten Fachwerkhäuser von Klingenberg gilt. Das Rathaus war hier bis 1885 untergebracht und danach bis 1934 das Postamt. Seit 2001 befinden sich hier die 🛈 Tourist-Information und der Kartenvorverkauf der Clingenburg Festspiele.

    Am Rande der Altstadt liegt der Rosengarten, der früher zum Stadtschloss gehörte und 8.000 qm umfasste. In der ersten Hälfte des 18. Jahrhunderts wurde er neu angelegt und erhielt den französischen Stil, den Sie noch heute erkennen können.

5. Etappe: Klingenberg – Großheubach

➲ *10 km,* ⏳ *2 Std. 30 Min.,* ↑ *140 m,* ↓ *150 m,* ⇧ *130-200 m*

0,0 km	⇧ 153 m	Klingenberg 🅸 🛏 ✕ ☕ 🍺 🛒 🚂 🏧 🎏 ⌘ ✡ ☗ ✝ > 🚌 🚐
2,1 km	⇧ 135 m	Hochkreuzkapelle ✝ ⛩
6,0 km	⇧ 175 m	Großheubacher Bischofsberg
10,0 km	⇧ 130 m	Großheubach 🛏 ✕ ☕ 🍺 🛒 🚂 🏧 🎏 ⌘ ✝ 🚌 🚐

Die vorletzte Etappe des Fränkischen Rotwein Wanderwegs führt von Klin-
genberg nach Großheubach. Der Pfad windet sich zunächst über eine
Treppe aus der Stadt heraus, um in den Weinberg überzugehen. Nach
einem kurzen Abstecher durch Röllfeld lassen Sie den Ort hinter sich und
laufen an der Hochkreuzkapelle rechts an Feldern entlang, bis Sie die
Weinbergslage Restberg erreichen. Durch einen Kiefernwald hindurch fol-
gen Sie dem Waldweg bis zum Großheubacher Bischofsberg, der mit Wein-

Die Klingenberger Staustufe

terrassen bedeckt ist. Wieder wandern Sie über einen herrlichen Panoramaweg. Bald sehen Sie schon Großheubach durch die Bäume und hinter den Reben.

Trauben am Wegesrand

Sie folgen links bergauf dem Johannesweg. Über bemooste Treppen wandern Sie aufwärts und lassen die Altstadt langsam hinter sich. Zu Ihrer Rechten erblicken Sie durch die Bäume und Hecken die beeindruckende ❯ Klingenberger Staustufe, die 1931 erbaut wurde, und den Main. Hier befinden Sie sich bei Mainkilometer 113.

Am Ende der Treppe angekommen weisen Schilder den Europäischen Kulturweg und den Fränkischen Rotwein Wanderweg aus und zeigen, in welche Richtung es nach Großheubach und in welche nach Klingenberg geht. Danach geht es auf einem gepflasterten Weg wieder bergab – mit Blick auf den Main, der sich ruhig durchs Tal schlängelt.

Zur Linken können Sie die ersten Weinstöcke dieser Etappe bewundern, die wild neben dem Weg wachsen. Dann führt der Weg aus dem Ort heraus zu einem Tor, das Wild von den Weinreben fernhalten soll. Hinter dem Tor führt der Weg durch die Weinberge.

Röllfeld ist nun schon zwischen den Reben zu erkennen. Bergab führt der Weg auf die Urbanusstraße ❶ und von da in die Oberlandstraße, bis Sie rechts in die Langgasse abbiegen. Hier passieren Sie das 🛏 ✕ Hotel Katharinenhof. Sollten Sie die 3. Etappe bis hierhin verlängert haben, ist das Ihr heutiger Startpunkt. Links folgen Sie der Gartenstraße, die in der Himmelthaler Straße endet. Nun laufen Sie direkt auf die ✝ Hochkreuzkapelle ❷ zu, an der auch mehrere 🪑 Bänke zum Ausruhen und Genießen warten.

✝ Die Hochkreuzkapelle

Früher stand die Hochkreuzkapelle an der Hauptstraße zwischen Klingenberg und Röllfeld. 2005 wurde sie jedoch an ihren heutigen Standort versetzt. Einer Legende zufolge soll ein französischer Offizier auf dem Weg nach Miltenberg an dem lebensgroßen Holzkruzifix vorbeigekommen sein. Als er Jesu Christi die Schuld an seinem Unglück gab und ihm ins Gesicht schoss, scheute das Pferd, warf ihn ab und er erlag seinen Wunden durch den Sturz. Das Holz an der Unterlippe und Wange des Gekreuzigten sind beschädigt, was auf die Folgen des Schusses eben dieses Soldaten zurückzuführen sein soll.

Sie biegen an der Kirche scharf rechts ab und überqueren den Röllbach. Folgen Sie nun dem Weg bis zu einem Gebäude der Klingenberger Stadtwerke. Nach links und dann direkt wieder rechts führt der Weg bis zu einer Abzweigung, der Sie nach rechts folgen, und dann biegen Sie links ab. Schilder des Wandervereins Röllfeld informieren über die rund 500 Arten von Wildbienen und Hummeln. Nach knapp 650 m erreichen Sie eine Gabelung, an der Sie dem linken Weg folgen. So erreichen Sie das Tor zur Weinbergslage Restberg ❸, an dessen Ende sich ein Kiefernwald befindet.

Nach einer 🪑 Holzbank zweigt ein Waldweg nach rechts ab, dem Sie steil bergab folgen. So gelangen Sie zum Weinbergsweg des Großheubacher Bischofsbergs ❹, der Sie bergauf führt. Auch wenn der Name Bischofsberg vermuten lässt, dass es sich dabei um den Berg handelt, auf dem Sie wandern, ist es in Wahrheit die Bezeichnung der Weinlage von Großheubach. Der Berg heißt Busigberg. Auch auf diesem Weinbergsweg dürfen Sie sich über einen Panoramaweg freuen, der mit vielen 🪑 Bänken in einem geringen Abstand dazu einlädt, den Rundumblick auf die Reben und den Ausblick ins Tal zu genießen.

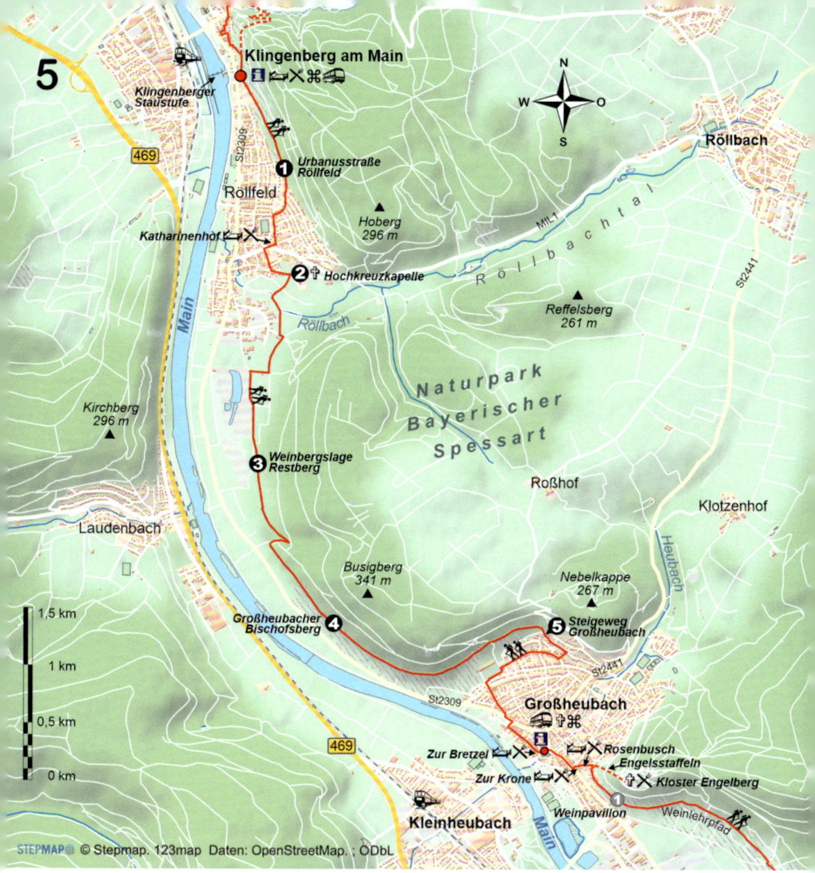

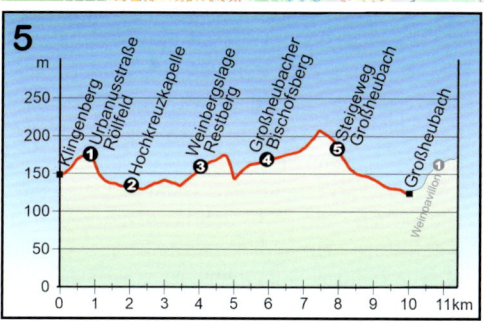

5
Klingenberg am Main
Klingenberger Staustufe
N
W
O
S
469
St2309
1 Urbanusstraße Röllfeld
Röllfeld
Hoberg 296 m
Röllbach
Röllbachtal
ML1
Katharinenhof
2 Hochkreuzkapelle
Reffelsberg 261 m
Röllbach
St2441
Main
Naturpark Bayerischer Spessart
Kirchberg 296 m
3 Weinbergslage Restberg
Roßhof
Klotzenhof
Laudenbach
Heubach
Busigberg 341 m
Nebelkappe 267 m
Großheubacher Bischofsberg 4
5 Steigeweg Großheubach
St2441
St2309
Großheubach
1,5 km
1 km
0,5 km
0 km
469
Zur Bretzel
Rosenbusch
Engelsstaffeln
Zur Krone
Kloster Engelberg
Weinpavillon
Weinlehrpfad
Kleinheubach
Main
STEPMAP © Stepmap. 123map Daten: OpenStreetMap. ; ODbL

Hier wartet auch die Staatliche Hofkellerei Würzburg, die Sie nach ungefähr 2 km auf dem Panoramaweg erreichen. Es handelt sich dabei um eine etwa 4 ha große Weinlage, die ausschließlich mit roten Weintrauben bepflanzt

5
m
250
200
150
100
50
0
Klingenberg
1 Urbanusstraße Röllfeld
2 Hochkreuzkapelle
3 Weinbergslage Restberg
4 Großheubacher Bischofsberg
5 Steigeweg Großheubach
Großheubach
Weinpavillon
0
1
2
3
4
5
6
7
8
9
10
11km

Blick über den Weinberg nach Großheubach mit dem Kloster Engelberg

wird. Auch das ✝ Kloster Engelberg ist nun bereits in Sichtweite und thront majestätisch auf dem Berg.

Sie lassen den Weinberg hinter sich und erreichen Großheubach über den Steigeweg ❺.

Biegen Sie rechts in die Fasanenallee ein und dann direkt wieder rechts. Sie bleiben auf der Fasanenallee und folgen dieser bis zum Ende, wo sie auf einen geschotterten Feldweg stößt. Gehen Sie links. Folgen Sie dem Feldweg, bis Sie links in die Frühlingstraße abbiegen können. Dieser folgen Sie bis zur Röllfelder Straße. Biegen Sie an der 🚌 Bushaltestelle, direkt nach dem Friedhof, rechts ab und dann gleich wieder links, um auf die Friedhofstraße zu gelangen. Die Friedhofstraße geht, ohne dass Sie es bemerken, wenn Sie den Schildern keine große Beachtung schenken, nahtlos in die Kirchstraße über. Dann passieren Sie die ✝ Katholische Pfarrkirche St. Peter, die im 13. Jahrhundert gebaut und 1987 renoviert wurde. Die Kirchstraße geht in die Mainstraße über und nun laufen Sie direkt auf das ⌘ Alte Rathaus von Großheubach zu – das wahrscheinlich schönste Etappenziel des Fränkischen Rotwein Wanderwegs.

Großheubach

🛏 ✕ Hotel Gasthaus zur Bretzel, Kirchstraße 1, 63920 Großheubach, ☎ 093 71/28 24,
✍ weinbretzel@t-online.de, 🖥 www.weingut-bretzel.de, ÜF DZ ab € 85, 🐕 € 8,
direkt am Weg (50 m vor Ende der 5. Etappe)

♦ Hotel Zur Krone, Miltenberger Straße 1, 63920 Großheubach, ☎ 093 71/26 63,
✍ lecker@gasthauskrone.de , 🖥 www.gasthauskrone.de, ÜF DZ ab € 104, direkt
am Weg (bei km 0,3 der 6. Etappe)

♦ Hotel und Restaurant Rosenbusch, Engelbergweg 6, 63920 Großheubach,
☎ 093 71/650 40, ✍ info@hotel-rosenbusch.de, 🖥 www.hotel-rosenbusch.de,
ÜF DZ ab € 94, direkt am Weg (bei km 0,4 der 6. Etappe)

⌘ Turmuhrenmuseum, Hauptstraße 40, 63920 Großheubach, ☎ 093 71/36 12,
✍ info@turmuhrenfreunde.de 🖥 www.turmuhrenfreunde.de, 🕐 nach Vereinbarung

🚌 Busverbindung Richtung Aschaffenburg und Miltenberg

🚃 Zugverbindung ab Kleinheubach Richtung Aschaffenburg und Miltenberg

Das ⌘ historische Rathaus von Großheubach stammt aus dem Jahr 1611 bzw. 1612. Es wurde als Sitz eines Unteramtmannes in altfränkischer Bauweise als Fachwerk erbaut. Es ist das Tor zur Altstadt und beheimatet im zweiten Stock das Turmuhrenmuseum.

Großheubach ist ein staatlich anerkannter Erholungsort, der durch seine schönen Fachwerkbauten wie das bereits erwähnt Alte Rathaus besticht. Im Zentrum der Aufmerksamkeit steht meist vor allem das Kloster Engelberg, das eigenen Wein anbaut und eine weithin bekannte Klosterschänke besitzt (☞ 6. Etappe). Aber auch das gastronomische Angebot in Großheubach selbst ist eine Erwähnung wert.

Das Alte Rathaus von Großheubach

6. Etappe: Großheubach – Bürgstadt

↻ *15,1 km*, ⧗ *4 Std.*, ↑ *210 m*, ↓ *180 m*, ⇧ *125-260 m*

0,0 km	⇧ 130 m	Großheubach ⇜ ✕ 🍺 🍷 🛒 ⛲ BANK ♨ ⌘ ✝ 🚌 🚂
3,6 km	⇧ 150 m	Brücke über die Umgehungsstraße
6,0 km	⇧ 125 m	Miltenberg, Alte Brücke über den Main
		🎫 ⇜ ✕ 🍺 🍷 🛒 BANK ♨ ⌘ ♟ ✝ 🚌 🚍 🚢
12,5 km	⇧ 225 m	Pavillon in den Weinbergen ⚞ 📋
15,1 km	⇧ 150 m	Bürgstadt ⇜ ✕ 🍺 🍷 🛒 BANK ♨ ⌘ ✝ 🚌

Die letzte Etappe des Fränkischen Rotwein Wanderwegs beginnt am Alten Rathaus in Großheubach und führt schnell in den Weinberg. Sie wandern unterhalb des Klosters Engelberg entlang. Unten angekommen überqueren Sie in einer langen Linkskurve die Umgehungsstraße. Sie laufen geradewegs in Richtung Main, aber anstatt diesen zu überqueren, nehmen Sie die Treppe, die kurz vor der Brücke rechts nach unten führt. Sie wandern am Mainufer entlang, zur Rechten liegt eine Weinlage. Den Main überqueren Sie dann über die historische Alte Brücke von Miltenberg. Sie wandern nun auf dieser Seite des Flusses in Richtung Bürgstadt. Am Alten Rathaus und an der Churfrankenvinothek vorbei gehen Sie bergauf, bis Sie den Weinberg erreichen. Der sogenannte Centgrafenweinberg bietet eine herrliche Aussicht auf Miltenberg mit seiner Altstadt und Burg und ist auch ein beliebter Ort für die Einwohner Miltenbergs, um eine Runde zu joggen oder Fahrrad zu fahren. Der Wanderweg führt an einem Pavillon mit Informationstafeln und einer Bodenstation vorbei. Dem Weg folgend gelangen Sie zurück ins Wohngebiet und an das Ende des Fränkischen Rotwein Wanderwegs.

Am ⌘ Alten Rathaus geht es los. Nach rechts wandern Sie die Hauptstraße von Großheubach entlang. Am besten halten Sie sich zunächst auf der rechten Seite, da der Bürgersteig auf der linken nach kurzer Zeit schmaler wird. Sobald Sie das ⇜ ✕ Gasthaus Zur Krone erreichen, müssen Sie jedoch die Straßenseite wechseln, um in die Schafgasse nach links einbiegen zu können.

Am bekannten Gasthaus Zur Krone vorbei gelangen Sie nach wenigen Metern an eine Abzweigung mit einer Holzbank vor bemalten Stromkästen, die einen gekrönten Engel zwischen Rosen zeigen, und daneben ein Jesuskreuz. Dahinter verschwindet ein Schild förmlich hinter dem rasch wachsenden Efeu, das den Fußweg zum Kloster Engelberg ausweist. Sie nehmen den rechten Weg, in dessen Richtung auch das Schild zeigt. Sie gelangen an eine Treppe durchs Wohngebiet, der Sie zunächst folgen. Nun laufen Sie die ersten Schritte auf dem Engelberg, dem südlichsten Ausläufer des Spessarts. Sobald Sie an einer Kreuzung ankommen, an der Sie geradeaus über Treppen zum ✠ Kloster Engelberg kämen, biegen Sie nach rechts ab und laufen stattdessen weiter auf dem Fränkischen Rotwein Wanderweg.

Abbiegung zum Fußweg zum Kloster Engelberg

✍   Wer sich doch die etwas mehr als 600 Stufen nach oben wagen will, wird nicht nur mit dem schönen Kloster und der Aussicht von dort oben belohnt, sondern kann auch in der Klosterschänke einkehren. Dunkles Klosterbier, Vespern und Biergarten stehen hier auf dem Programm.

✝ Kloster Engelberg

Wer einen Abstecher zum Kloster Engelberg machen möchte, muss 612 Treppenstufen überwinden – die sogenannten Engelsstaffeln. Das Kloster steht unter der Schirmherrschaft des Erzengels Michael und seit 1803 unter der Seelsorge der Franziskaner. Um das Jahr 1300 fanden die ersten Wallfahrten auf den Engelberg statt. Auch heute kommen Pilger auf dem Weg zum Wallfahrtsort Walldürn zum Kloster Engelberg.

✝ ✕ 🚉 Kloster Engelberg, Kloster Engelberg 1, 63920 Großheubach, ☎ 093 71/948 94-12, ✉ engelberg@franziskaner.de, 🖥 www.engelberg.franziskaner.de und www.kloster-engelberg.com, 🔔 im Kloster kann man an Werktagen im Sommer um 7:00 bzw. im Winter um 7:30 und an Sonn- und Feiertagen um 9:00 und um 10:30 am Gottesdienst teilnehmen, die Schänke und der Klosterladen haben Di-Sa 11:00-19:00 und So 10:00-18:00 geöffnet, Mo Ruhetag (ausgenommen Feiertag); bitte Website auf Abweichungen prüfen.

Nun befinden Sie sich unterhalb des Klosters Engelberg. Auch diese Weinlage gehört noch zu Bischofsberg. An einer Holzbank vorbei führt nun ein Panoramaweg unterhalb des Klosters über 2,5 km durch den Weinberg hindurch. Ein Schild zeigt an, was Sie in der Ferne erblicken können und wo zum Beispiel der ✈ Flugplatz Mainbullau liegt, von dem Sie einen Rundflug über den Odenwald und Spessart machen können.

☺ Wenn Sie den Fränkischen Rotwein Wanderweg aus einer völlig neuen Perspektive betrachten möchtet, können Sie einen Rundflug buchen.

✈ Flugplatz Mainbullau, Flugplatz 3, 63897 Miltenberg, ☎ 093 71/33 63, ✉ kontakt@flugplatz-mainbullau.de, 🖥 www.flugplatz-mainbullau.de, Rundflüge für zwei Personen ab € 55

Sobald Sie den Weinpavillon ❶ erreichen, überschneidet sich das Teilstück außerdem mit einem Weinlehrpfad. Hier werden Sie über die Geschichte des Weinbaus, die in dieser Gegend angebauten Rebsorten und anderes Wissenswertes zum Thema Weinbau informiert. Sie erfahren zum Beispiel, dass die Südlage der Hänge ausgezeichnete klimatische Voraussetzungen schafft, da die Trauben so intensive Sonneneinstrahlung und Wärme erhalten. Außerdem ist so die Frostgefahr nicht so hoch.

Wenn der Weinlehrpfad endet, biegen Sie rechts ab und erreichen die Umgehungsstraße. Parallel dazu verläuft eine Straße, die in einer lang

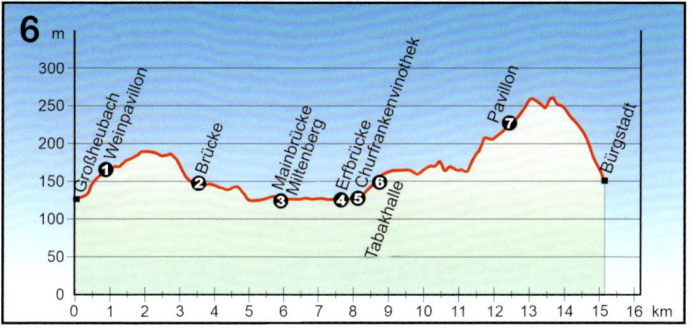

gezogenen Linkskurve über eine Brücke ❷ über die Umgehungsstraße führt. Folgen Sie dem Weg direkt nach Miltenberg-Nord, dem im Spessart gelegenen Teil von Miltenberg. Sie wandern auf der Maria-Hilf-Straße, bis Sie zur Linken an der Ehrlerstraße ankommen. Dieser folgend erreichen Sie nach etwa 300 m wieder die Umgehungsstraße, die über den Main führt. Sie wandern parallel zur Umgehungsstraße, überqueren aber noch nicht die Brücke. Kurz vor dem Main erscheint nämlich zu Ihrer Rechten eine Treppe nach unten. Unten angekommen unterqueren Sie die Bahnschienen und laufen dann parallel zum Main. Auf der anderen Seite können

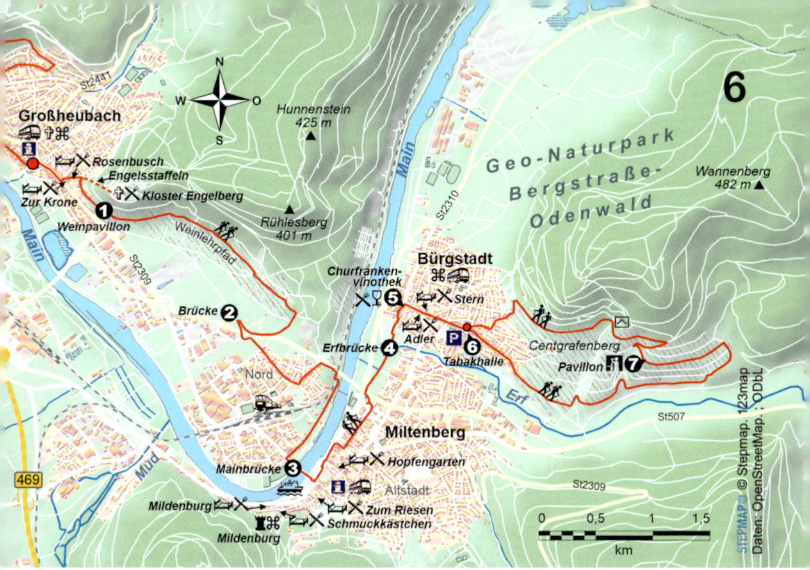

Sie das Panorama von Miltenberg bewundern, während zu Ihrer Rechten die Weinlage Steingrübler zu bestaunen ist. Nach fast 1 km biegen Sie links auf die Brückenstraße ab, um die Alte Brücke von Miltenberg ❸ zu überqueren. Auf der anderen Seite liegt die Altstadt von Miltenberg.

Über die Mainbrücke

Miltenberg

ℹ Tourist-Information, DREI AM MAIN, Engelplatz 69, 63897 Miltenberg, ☎ 093 71/40 41 19, ✉ tourismus@miltenberg.info, 🖥 www.miltenberg.info, 📱 Mo-Fr 9:00-16:00

🛏✕ Hotel Mildenburg, Mainstraße 77, 63897 Miltenberg, ☎ 093 71/27 33, ✉ mildenburg@t-online.de, 🖥 www.hotel-mildenburg.de, ÜF DZ ab € 92, etwa 500 m von km 6,1 entfernt

◆ Zum Riesen, Hauptstraße 99, 63897 Miltenberg, ☎ 093 71/98 99 48, ✉ info@riesen-miltenberg.de, 🖥 www.riesen-miltenberg.de (Restaurant) und www.hotel-riesen-miltenberg.de (Hotel), ÜF DZ ab € 100, 300 m von km 6,1 entfernt

◆ Flair Hotel Hopfengarten, Ankergasse 16, 63897 Miltenberg, ☎ 093 71/973 70, ✉ info@flairhotel-hopfengarten.de, 🖥 www.flairhotel-hopfengarten.de, ÜF DZ ab € 116, etwa 100 m von km 6,5 entfernt

♦ Hotel Schmuckkästchen, Hauptstraße 185, 63897 Miltenberg, ☏ 093 71/55 00, ✉ info@hotel-schmuckkaestchen.de, 🖳 www.hotel-schmuckkaestchen.de, ÜF DZ ab € 115, 🐾 € 10, etwa 450 m von km 6,2 entfernt

⌘ ♟ Mildenburg, Mainstraße 77, 63897 Miltenberg, ☏ 093 71/66 85 04, ✉ info@museen-miltenberg.de, 🖳 www.museen-miltenberg.de, 🕐 16. März bis 1. November Di-So 11:00-17:30, 2. November bis 15. März geschlossen bzw. Führung nach Vereinbarung

⌘ Museum Stadt Miltenberg, Hauptstraße 171-175, 63897 Miltenberg, ☏ 093 71/66 85 04, ✉ info@museen-miltenberg.de, 🖳 www.museen-miltenberg.de, 🕐 16. März bis 1. November Di-So 10:00-17:30, 2. November bis 14. Januar Mi-So 11:00-16:00, 15. Januar bis 15. März geschlossen bzw. Führung nach Vereinbarung

🚌 Busverbindung Richtung Aschaffenburg und Wertheim

🚆 Zugverbindung Richtung Aschaffenburg und Wertheim

⛴ Schiffrundfahrten mit der Reederei Henneberger, ☏ 093 71/33 30, Anlegestelle Pfarrkirche Miltenberg, 🕐 Abfahrtszeiten 10:45/13:45/15:15 täglich zwischen April und Oktober

Die Brückenrampe wandern Sie links hinunter und anschließend wieder zurück in die Richtung, aus der Sie gekommen sind – nur am anderen Ufer entlang. Auf der rechten Seite können Sie durch die Gassen ein Blick in die Altstadt erhaschen.

🖐 Ein kleiner Abstecher in die Altstadt lohnt sich! Hier warten ganz viele Highlights, unter anderem die ♟ Mildenburg aus dem 13. Jahrhundert, von der Sie einen hervorragenden 📷 Ausblick auf die Altstadt und ins Maintal haben. Aber auch die Altstadt selbst hat mit den mittelalterlichen Fachwerkhäusern und dem historischen Marktplatz, genannt Schnatterloch, viel zu bieten. Wer die zentrale Straße aus Kopfsteinpflaster entlangwandert, kommt unweigerlich am 🛏 ✕ Hotel und Restaurant Zum Riesen vorbei. Dabei handelt es sich um das älteste Gasthaus Deutschlands. Es stammt aus dem 12. Jahrhundert. Das Würzburger Tor ist die älteste Stadtbegrenzung Miltenbergs. Es wurde 1379 erstmals in Schriften erwähnt.

⌘ ♟ Die Mildenburg

Die Mildenburg ist das Wahrzeichen der Stadt Miltenberg. Und das bereits seit fast 800 Jahren. Nachdem man lange nur den Außenbereich der Burg besichtigen konnte, ist es nun – nach einer umfangreichen Sanierung –

Blick auf Miltenberg und die Mildenburg

möglich, auch die Räume der Burg zu betreten. Seit 2011 ist im Innern das Museum Burg Miltenberg untergebracht. Dieses beherbergt zeitgenössische Kunstwerke, aber auch Ikonen, sodass eine Art Dialog zwischen den Ausstellungsstücken entsteht.

☺   Wer seine Wanderung auf dem Fränkischen Rotwein Wanderweg zwischen Ende August und Anfang September machen möchte, kommt zusätzlich in den Genuss eines traditionsreichen Volksfestes: der Michaelismesse. Ihr Ursprung reicht bis ins 14. Jahrhundert zurück und sie gilt als das größte Volksfest am bayerischen Untermain. Anfänglich wurde die Messe als Handelsmarkt im August abgehalten. Im Laufe der Jahrzehnte wurde sie auf den Michaelistag gelegt, wodurch sie ihren Namen erhielt. Nach und nach entwickelte sie sich von einem reinen Handelsmarkt zu einem Vergnügungsfest.

Am alten Elektrizitätswerk biegen Sie rechts ab und gehen in Richtung des Würzburger Tors. Sie biegen jedoch vor dem markanten Turm ab in die Gartenstraße. Zu Ihrer Linken passieren Sie ein paar moderne Geschäfte und ♒ Supermärkte. Direkt danach gelangen Sie an einen kleinen Tunnel für Fußgänger und Radfahrer. Gehen Sie nun rechts in Richtung Bürgstadt. Überqueren Sie die Erf über eine kleine Brücke ❹ und laufen Sie durch einen kleinen Park.

Folgen Sie der Straße, bis sie auf die Weidengasse trifft. Biegen Sie dort links ab. Der Weg mündet in die Krummgasse, der Sie weiter bis zum Ende folgen. Zu Ihrer Linken befinden sich nun das ⌘ Alte Rathaus von Bürgstadt sowie die ✕ ⛾ Churfrankenvinothek ❺.

An dieser Kreuzung biegen Sie nach rechts ab. Nach etwa 100 m erreichen Sie das ⇐ ✕ Landhotel Adler.

☺   Wenn Sie genug Zeit haben, rate ich Ihnen, im Landhotel Adler zu übernachten und den letzten Teil des Fränkischen Rotwein Wanderwegs bei Sonnenaufgang zu wandern. So erhalten Sie garantiert geniale Fotos und erleben den letzten Abschnitt auf ganz besondere Weise. Ein krönender Abschluss des Fernwanderwegs!

Dieser Straße folgen Sie nun zunächst etwa 600 m bis zu einer Tabakhalle ❻ mit einem Parkplatz. Hier können Sie auch parken, falls Sie den letzten Abschnitt separat laufen möchten. An dieser Stelle macht die Straße einen kleinen Knick und heißt ab jetzt Sankt-Urbanus-Straße. So wandern Sie auf der Straße des Schutzpatrons der Winzer und erreichen den letzten Weinberg des Fränkischen Rotwein Wanderwegs, den Centgrafenweinberg. Biegen Sie nach etwa 350 m links ab. Es folgt ein kurzer Anstieg, nach dem Sie ein Tor erreichen, hinter dem der Weg in einen asphaltierten Wirtschaftsweg mündet. Folgen Sie dem Weg nach rechts.

Nach einem weiteren Anstieg biegen Sie an der zweiten Abzweigung ab. Nach links gelangen Sie an einen ⛱ 🛈 Pavillon ❼, an dem Sie einige Informationstafeln zum Weinbau in Bürgstadt finden. Der Pavillon lädt zum Verweilen und Genießen ein. Wenn Sie weitergehen, erreichen Sie nach wenigen Hundert Metern eine Bodenstation.

Bodenstation Bürgstadt

Um die Beschaffenheit und Nutzbringung des jeweiligen Untergrundes zu veranschaulichen, wurden in Unterfranken zehn Bodenstationen eingerichtet. Dies ist im Rahmen des Projektes Boden & Wein in Unterfranken geschehen. Die Bodenstation auf dem Centgrafenberg liegt direkt am Weg durch den Weinberg. Hier zeigen Tafeln die Merkmale des Bodens. Der Weinberg ist fast ausschließlich gen Süden ausgerichtet und seit mehr als 800 Jahren gedeihen hier die Reben.

Nach der Bodenstation biegen Sie rechts ab und laufen zum Waldrand. Nun verläuft der Weg ein kurzes Stück durch den Wald. Nach etwa 60 m erreichen Sie den Weinberg der Hohenlinde, den Sie in einem langen Bogen durchqueren. Von hier können Sie ein letztes Mal den Blick auf Miltenberg und die ♜ Mildenburg sowie auf die Weinlage Mainhölle auf der anderen Mainseite genießen. Am Ende des Weinberges sind Sie wieder am Waldrand angekommen.

Der Wanderweg auf dem Centgrafenweinberg

Am Weg passieren Sie eine Madonnenfigur und kommen an einer ⌂ Schutzhütte vorbei. Folgen Sie dem Höhenbahnweg bis zum Fußweg Centgrafenweg. Biegen Sie dann von diesem in den Hohenlindenweg ein, um nach ca. 100 m zurück an der Tabakhalle zu sein – das Etappenziel und offizielle Ende des Fränkischen Rotwein Wanderwegs.

☺   Herzlichen Glückwunsch, Sie sind am Ziel des Fränkischen Rotwein Wanderwegs angelangt! Im Sommer können Sie sich im ✕ ♈ Biergarten des Landhotels Adler oder des Weinhauses Stern für Ihre erfolgreiche Wanderung eine erfrischende Belohnung gönnen und die zahlreichen Eindrücke Revue passieren lassen.

🚌   Mit dem Bus oder Taxi können Sie zurück nach Miltenberg fahren und von dort die Rückreise antreten.

Bürgstadt   🛏✕🍺♈🍵 BANK 🎒♋✝🚌

🛈   💻 www.buergstadt.info
♦   Die Tourist-Info in Miltenberg ist auch für Bürgstadt zuständig (☞ Infos S. 86).
🛏✕ Adler Landhotel, Hauptstraße 30, 63927 Bürgstadt, ☎ 093 71/978 80,
       ✉ reservierung@adler-buergstadt.de, 💻 www.adler-buergstadt.de,
       ÜF DZ ab € 110, direkt am Weg (bei km 8,4)
♦   Hotel Weinhaus Stern, Hauptstraße 23/25, 63927 Bürgstadt, ☎ 093 72/403 50,
       ✉ info@hotel-weinhaus-stern.de, 💻 www.hotel-weinhaus-stern.de,
       ÜF DZ ab € 90, direkt am Weg (bei km 8,4)
✕♈ Churfrankenvinothek, Hauptstraße 2, 63927 Bürgstadt, ☎ 093 71/948 86 79,
       ✉ info@churfrankenvinothek.de, 💻 www.churfrankenvinothek.de, 🕐 Öffnungszeiten variieren im Sommer und im Winter, im Sommer Mo, Di geschlossen, Mi-Sa 14:00-22:00, So 14:00-21:00, im Winter Mo-Mi geschlossen, Do-Sa 16:00:21:00, So 14:00-18:00
♋   Museum Bürgstadt mit Weinbauausstellung, Am Mühlgraben 1, 63927 Bürgstadt,
       ☎ 093 71/995 60, ✉ info@hgv-buergstadt.de, 💻 www.hgv-buergstadt.de,
       🕐 April bis Oktober So 14:00-18:00 oder auf Anfrage
🚌   Busverbindung Richtung Wertheim und Miltenberg

   Bürgstadt ist kein einfacher Winzerort, sondern einer der bedeutsamsten Weinorte in Franken – vor allem wenn es um Rotwein geht. In Churfranken wird der Rotwein aus Bürgstadt liebevoll „Börscheder" genannt. Nicht zuletzt wegen der Bedeutung des Ortes wurde hier die Churfrankenvinothek eröffnet, die für Entspannung und Genuss gleichermaßen steht. Aber auch über den Wein hinaus kann Bürgstadt was: Es ist offizieller bayerischer Genussort, wovon es nur 100 an der Zahl gibt. Auch die Wanderkultur wird hier groß geschrieben, was nicht zuletzt an der herrlichen Landschaft liegt, in die Bürgstadt eingebettet ist.

Mehr wagen,
mehr genießen,
mehr sehen!

Basiswissen für draußen

praktisches Allgemeinwissen für Outdoorer und alle, die es werden wollen

Tageswanderungen

Touren in den schönsten Wandergebieten Deutschlands und der ganzen Welt

Fernwanderwege

die idealen Wegbegleiter für alle mehrtägigen Wander-, Rad- und Kanutouren

Unterwegs mit den OUTDOOR-Wanderführern aus dem Conrad Stein Verlag.

466

OUTDOOR
Basiswissen für draußen BASIXX

Michael Hennemann

Vegetarisch kochen
Einfache Rezepte für unterwegs

OUTDOOR
Wanderführer

Hartmut Engel

Schottland:
West Highland Way

OUTDOOR
Wanderführer

Weinparadies
Rheinhessen-Nahe

30 Touren durch Wälder
und Weinberge

mit
GPS-Tracks
und Extra-Tipps
für Wanderungen
mit Kind und
Hund

Outdoor

Conrad Stein
Verlag

Index

Blick auf Klingenberg (4. Etappe)

A

Ärzte	25
Ausrüstung	21
Auto	21

B

Bahn	20
Bayern	13
Buntsandstein	13
Bürgstadt	91
Bus	20

C

Churfranken	12
Churfranken-Kräutergarten	71
Clingenburg	73

E

Einkehrmöglichkeiten	30
Elsava	57
Elsenfeld	57
Erlenbach	67
Etappen	23

G

Gehrichtung	23
Geld	24
Gepäcktransport	33
GPS-Tracks	25
Großheubach	81
Großostheim	48
Großwallstadt	37

H

Häcken	22
Hochkreuzkapelle	78
Hohbergkreuz	69

| Honisch Beach | 40 |
| Hund | 32 |

I/J

Informationen	24
Internet	28
Jesuitenberg	62

K

Karten	24
Kinder	32
Klingenberg	75
Kloster Engelberg	84
Kloster Himmelthal	63
Kultur	16

M

Main	13, 38, 56
Michaelismesse	88
Mildenburg	87
Miltenberg	86

N

| Niedernberg | 40 |

O

| Obernburg | 55 |
| Odenwald | 13 |

R

Radfahren	25
Rebsortenlehrpfad	55
Reisezeit	26
Römer	14
Rotwein	13
Rück	60

S

Schippach	60
Seltenbachschlucht	73
Silbersee	43
Spessart	13, 15

T

Terroir f Churfranken	71

U

Unterkünfte	28
Updates	29

V

Verkehrsmittel	30

W

Wanderreisen	33
Wegbeschaffenheit	33
Wegmarkierung	34
Weinbau	13
Weinbauern	17
Weinberg Lützeltal	53
Weinberg Pitztal	54
Weinfeste	17, 27
Winzer	8